Israel Nazareno

La Fe Original de los Apóstoles

Cuarta Edición

Por Norman B. Willis

Índice de Contenidos

Prefacio

Los lectores a menudo me preguntan qué versión de la Escritura utilizo. Normalmente cito de la Nueva Versión King James (NKJV), básicamente porque es ampliamente confiable y fácil de leer. Sin embargo, también corrijo los nombres y términos a las formas hebraicas, por razones que voy a explicar en este libro. Cuando siento que es útil aclarar algo, o dar información adicional, colocaré mis palabras entre paréntesis.

A menos que se indique lo contrario, todas las citas hebreas y arameas del Tanaj (Antiguo Testamento) son del Texto Masorético Hebreo (TM). A menos que se indique lo contrario, todas las citas en arameo para el Pacto Renovado (Nuevo Testamento) son de la Peshitta Oriental. Para el griego normalmente citaré del BibleWorks Greek Text (BGT). Si cito algo más, intentaré hacerlo saber.

Por razones históricas que son demasiado complejas de explicar aquí, el mundo protestante ha llegado a creer que los apóstoles primero escribieron sus epístolas en griego. Esto no es exacto. Como explicamos en este libro, los padres de la iglesia nos dicen que las epístolas estaban escritas en una lengua semítica (en hebreo o arameo, o ambos). Luego fueron traducidos al griego. Sin embargo, los originales hebreos y arameos ya no están con nosotros, y hay evidencia de que algunos de los textos griegos son más antiguos que los textos arameos existentes. Por esta razón, normalmente utilizo los textos griegos para el análisis textual.

Es cierto que todos los textos que tenemos hoy en día han sido alterados con el tiempo (incluyendo el llamado Texto Masorético Hebraico "original"). Es importante saber esto porque los anti-misioneros a menudo señalan algunas de las discrepancias entre los textos del Texto Masorético Hebreo y del Pacto Renovado, y luego sugieren que el Pacto Renovado es incorrecto, porque está de acuerdo con el texto masorético. Sin entrar en demasiados detalles aquí, el texto hebreo masorético se remonta sólo a 900-1100 d.c., y es el resultado del intento Judío Ortodoxo de "arreglar" (o estandarizar) los textos de acuerdo con las tradiciones Judías Ortodoxas (uno de ellos es rechazar la deidad de Yeshúa [Jesús]). Esto no es causa de desesperación. Simplemente tenemos que darnos cuenta de que nuestros hermanos Ortodoxos hicieron algunos pequeños cambios y modificaciones al Texto a lo largo de los siglos, y luego darse cuenta de que Yahweh es fiel para darnos lo que necesitamos, cuando lo necesitamos, y que, con un cuidadoso estudio, podemos deducir lo que ha sido cambiado y por qué.

He escogido usar los nombres y los términos Hebraicos por razones que espero que queden claras en el momento en que termines de leer este estudio. En muchos lugares, Yahweh (Jehová) nos dice que Él es celoso de Su nombre, y Él promete recompensar a aquellos que conocen Su nombre.

Tehilim (Salmos) 91:14
14 Por cuanto ha puesto su amor sobre Mí, por tanto, lo libraré, lo pondré en lo alto, porque ha conocido Mi nombre.

Si bien, está claro que Yahweh dice que debemos conocer y usar Su nombre, la pronunciación exacta de Su nombre es un tema de discusión. Yo pronunciaré y escribiré su nombre como "Yahweh" (o Yahuweh) en este libro. Si te sientes convencido de otra pronunciación, (Yejovah, Jehová, etc.), por favor, substituye el nombre según cómo lo pronuncies.

En hebreo, el término para *Dios* es *Elohim*. Utilizaré el término hebraico en este libro porque la palabra *Dios* es en realidad el nombre de una deidad Germánica del sol, y se nos dice que no usemos los nombres de otras deidades (por ejemplo, Éxodo 23:13). Además, normalmente usaré el nombre Yeshúa para el nombre de nuestro Mesías, ya que es como su madre lo nombró, y siento que es más respetuoso llamarlo por su verdadero nombre. (Para una discusión más completa de los nombres divinos, por favor lee el estudio "Los Nombres Apartados", en *Estudios Escriturales Nazarenos, Volumen Uno*.)

Debido a que muchas personas leerán capítulos individuales en Internet de este libro, te pido paciencia al leer los nombres en español la primera vez que se usan en cada capítulo. Luego usaré los nombres hebraicos para el resto del capítulo.

Sé que nada hecho por el hombre es perfecto, pero espero que este libro te ayude a avanzar en el entendimiento de la fe que nuestro Mesías originalmente enseñó a Sus apóstoles a guardar.

Si tienes preguntas o sugerencias constructivas, por favor escríbenos un correo electrónico a: contact@nazareneisrael.org.

Norman B. Willis
En la Dispersión Efraimita,
Año Estimado 6021 (2021 d.C.).

Introducción: Mi Testimonio

En 1999, el Creador me salvó por medio de un milagro tan poderoso, que supe instantáneamente que le daría el resto de mi vida a Él. Servirle a menudo ha sido difícil, pero fue la mejor elección que he hecho. Nunca me he arrepentido desde entonces.

Debido a la naturaleza del milagro, estaba claro que sólo podía haber sido el Creador Yahweh (Jehová) quien me había salvado, pero lo que no sabía era si el Mesías ya había regresado o no. Si iba servir a nuestro Padre Celestial de la manera correcta, la primera cosa que tenía que hacer, era comprobar, solo por el Tanaj (Antiguo Testamento), si el Mesías ya había venido o no.

Una vez que pude ver en el Tanaj que el Mesías ya había venido una vez, lo siguiente que necesitaba conocer era la versión de la fe que Él había venido a enseñar, porque la Escritura nos dice que debemos luchar fervientemente por la fe que fue entregada a los santos.

Yehudah (Judas) 3
3 Amados, por la gran solicitud que tenía en escribirles acerca de nuestra común salvación, me pareció necesario escribirles exhortándoles a que luchen ardientemente por la fe que una vez fue entregada a los santos.

No quería asumir que la fe que me enseñaron cuando era niño era la correcta. Había muchas denominaciones diferentes, pero a lo sumo sólo una de ellas podía ser correcta. Necesitaba saber cuál de ellas, si es que existía, era la fe que el Mesías había enseñado originalmente.

Volví a la iglesia en la que me crié, pero no permanecí. El pastor contradecía abiertamente al Mesías en sus sermones, usando un verso para explicar otro. Él decía: "La Biblia dice que es mejor dar que recibir, pero eso está mal. Cualquier niño sabe que es mejor recibir que dar, ¿y no dice la Biblia que debemos ser como niños pequeños?" Yo sabía que no podía quedarme allí.

Dejé mi antigua iglesia y fui a una catedral episcopal con un poderoso predicador. Yo amaba sus sermones, y mi amor por Yahweh creció. Después de hacer la comunión, sentí que el Espíritu caía sobre mí, como si alguien me hubiera enganchado a alguna fuente eléctrica invisible. Empecé a ver el mundo a través de nuevos ojos, y escuchar cosas con nuevos oídos. Era como si el mundo se transformara ante mí.

Cuando el predicador se retiró unos meses más tarde, el comité directivo contrató a un pastor gay para ocupar su lugar. Era gracioso, y nos hacía reír, pero en su sermón introductorio contó chistes sobre cuánto odiaba la parábola de la fiesta de bodas. Él le decía a la congregación que la ignorara, ya que no se aplicaba a nosotros hoy. Luego, al final de su sermón dijo que quería recaudar millones de dólares para que pudieran terminar de remodelar la catedral. Parecía que un edificio hermoso era más importante para él que obedecer las palabras del Mesías. Cuando le pregunté a Yahweh acerca de esto, abrí mis Escrituras, y allí encontré 2 Timoteo 4: 3-4.

TimaTheus Bet (2 Timoteo) 4:3-4
3 Porque vendrá el tiempo en que no soportarán la sana doctrina, sino que, conforme a sus propios

deseos, tendrán comezón de oír, y amontonarán para sí maestros;
4 Y apartarán sus oídos de la verdad, y se volverán a las fábulas.

Eso fue exactamente lo que vi. Los congregantes parecían aliviados cuando el pastor les decía que las Escrituras no se aplicaban a ellos. Los hacía felices. Evidentemente, querían que alguien les dijera que mientras siguieran lo que les decían e hicieran un buen espectáculo, no tenían que aceptar las palabras del Mesías ni vivir por ellas. Pero eso no era una *iglesia* para mí.

Me preguntaba: ¿dónde estaban los verdaderos creyentes? Las Escrituras dicen que la comunión es importante, así que tuve que encontrar a otros que quisieran servir a su Mesías y Rey. Sin saber qué más hacer o dónde ir, pensé que quizá podría encontrar la verdadera fe entre los remanentes de las antiguas comunidades pioneras de las zonas rurales de América. Tendría que dejar las ciudades, pero no me importaba lo que costara, tenía que encontrar a otros creyentes que quisieran vivir para Él.

Mattityahu (Mateo) 13:45-46
45 El reino de los cielos es como un mercader que busca hermosas perlas,
46 El cual, hallando una perla de gran precio, fue y vendió todo lo que tenía y la compró.

Me mudé a un área en el este de Washington que conocí durante mi infancia. Era un lugar donde los puestos de fruta de la carretera eran de auto atención. La gente escogía las frutas que quería, pesaban sus compras, luego dejaban en la caja el dinero, y todo se hacía en el sistema del honor. Si la fe se podía encontrar en algún lugar de América, seguramente podría encontrarla allí, en el corazón del país, donde la Biblia todavía era parte de la vida cotidiana.

Orando por dirección, me mudé a una pequeña ciudad rural que iba a ser mi nuevo hogar. Los Adventistas del Séptimo Día dejaron un volante en mi buzón de correo con la pregunta: "¿Cuándo fue cambiado el Shabat (sábado) por el domingo? ¿Y dónde dicen las profecías que el día de la adoración semanal sería cambiado?". No pude responder a eso, así que fui a estudiar con ellos. El Shabat parecía ser el día correcto, pero ellos mantenían otras fiestas que la Biblia no decía que teníamos que guardar como Navidad y Pascua (Ishter). Después de investigar un poco, me di cuenta de que la Biblia nunca dijo que hubiera que cambiar ninguno de los días de adoración. También decía que no debemos guardar Asera o Ishtar, que eran sólo formas diferentes del nombre Pascua.

Melajim Alef (1 Reyes) 18:19
19 Ahora pues, envíen y congreguen a todo Israel en el monte Carmelo, los cuatrocientos cincuenta profetas de Baal, y los cuatrocientos profetas de Asera (Ishtar), que comen en la mesa de Jezabel.

Pensando que ellos querrían saber esto, traté de compartir esta información con la gente en la iglesia. Me animaron durante un tiempo, pero al final los ancianos de la iglesia me llevaron a un lado e insinuaron que, si quería quedarme allí, necesitaba dejar de hacer tantas preguntas. Estaba desconcertado. ¿Cómo podían saber que, el día Shabat nunca había cambiado, pero olvidaban el hecho de que la Navidad y la Pascua no estaban ordenadas? Era como si todavía estuvieran parcialmente cegados.

Resultó que mis vecinos eran Judíos Mesiánicos (Judíos que creen que Yeshúa [Jesús] es el Mesías). Ellos guardaban el Antiguo Testamento, así como el Nuevo Testamento. En lugar del domingo, Navidad y Pascua, sólo guardaban los días que las Escrituras decían que debemos guardar. Cuando les pregunté acerca de sus creencias, ellos respondieron: "Si Yahweh no nos dice que las celebremos, ¿por qué deberíamos hacerlo? ¿De qué manera, estas fiestas, lo honran a Él (Navidad, Pascua de los conejos)?". No pude responder a esa pregunta, así que comencé a estudiar con ellos. Nos reuníamos en su casa los Shabat y durante toda la semana para hablar de Su palabra.

Cuando Yahweh comenzó a despertarme a la verdad, me enojé con la iglesia Cristiana, por enseñar principios que no estaban respaldados por Su palabra, y que en realidad contradicen Su palabra. Algunos de mis escritos anteriores reflejaban esta ira y frustración, pero Yahweh me mostró cómo las mentiras de la iglesia siempre estuvieron profetizadas.

Yirmeyahu (Jeremías) 16:19
19 Yahweh, mi fuerza y mi fortaleza, mi refugio en el día de la aflicción. Los gentiles vendrán a Ti desde los confines de la tierra y dirán, "Ciertamente nuestros padres han heredado mentiras, vanidad y cosas inútiles".

Con el tiempo, y de boca en boca, me encontré con otros creyentes y buscadores de la verdad, tanto en persona como en Internet. Muchos de ellos tenían el mismo tipo de preguntas. Mientras estudiaba todas estas cosas, escribía mis estudios y los enviaba a mis amigos por Internet, y luego empezaron a enviarlos a sus amigos. Pronto puse un sitio web y publiqué todos mis estudios anteriores. Como íbamos aprendiendo cada vez más cosas, a veces tenía que volver a escribir los estudios y enviar versiones corregidas. Estaba feliz de hacerlo porque no importaba si tenía razón o no, sólo importaba que los estudios fueran correctos.

Mientras seguíamos estudiando, los estudios se hacían más largos y complejos. A medida que veíamos cómo los diversos estudios estaban vinculados entre sí, finalmente se hizo evidente que teníamos que juntar todo en un libro, para dar al lector un mejor sentido de perspectiva. Aunque lo hemos reescrito y actualizado muchas veces, este libro que estás leyendo ahora son nuestros descubrimientos sobre lo que verdaderamente dicen las Escrituras Hebreas.

Te invito a acompañarme mientras comparto algunas de las cosas que he aprendido. No quiero que creas nada solo porque "yo lo digo", sólo quiero que uses este libro como una guía de estudio. Mi ruego es que seas como los nobles Bereanos que estudiaban diariamente las Escrituras para ver si las cosas que les enseñaban eran correctas.

Ma'asei (Hechos) 17:10-12
10 Entonces, los hermanos enviaron de noche a Pablo y Silas a Berea. Cuando llegaron, fueron a la sinagoga de los Judíos.
11 Estos eran más nobles que los de Tesalónica, pues recibieron la palabra con toda prontitud, y revisaban diariamente las Escrituras para saber si estas cosas eran así.
12 Por lo tanto, muchos de ellos creyeron; y también no pocos de los griegos, tanto mujeres como hombres prominentes.

14

¿Cuál Fue La Fe Original?

Cuando era niño, me enseñaron en la iglesia que las palabras *Cristiano* y *Nazareno* eran sinónimos, y que se referían al mismo grupo de personas. Años más tarde, me di cuenta de que esto no era correcto. Uno de los fundadores de la Iglesia Católica, Epifanio de Salamina, escribió un libro a principios del siglo IV llamado *Panarion* (*Contra las Herejías*), en el cuál condenaba a un grupo llamado *"Nazarenos"*, por practicar el *"Cristianismo Judío"*. Es decir, los Nazarenos creían en el Mesías, pero aún guardaban los ritos Judíos originales de la circuncisión, el Shabat y las leyes de Moshé (Moisés).

"Los Nazarenos no difieren en nada esencial de ellos [los Judíos Ortodoxos], ya que practican las costumbres y doctrinas prescritas por la ley Judía; Excepto que creen en Cristo. Ellos creen en la resurrección de los muertos, y que el universo fue creado por Dios. Ellos predican que Dios es Uno, y que Jesucristo es Su Hijo. Son muy eruditos en la lengua hebrea. Ellos leen la Ley [la Ley de Moshé]......Por lo tanto difieren... de los verdaderos Cristianos porque satisfacen hasta ahora [tales] ritos Judíos como la circuncisión, el Shabat y otros".
[Epifanio de Salamina, "Contra las Herejías", Panarion 29, 7, pp. 41, 402]

Como Epifanio era Católico, su condena de los Nazarenos significaba que los Cristianos Católicos y los Nazarenos no podían haber sido el mismo grupo de personas, sino que eran dos grupos separados.

Sin embargo, si el Mesías y Sus apóstoles eran Judíos, ¿por qué Epifanio condenó a los Nazarenos por practicar el Cristianismo *Judío*? Para responder a esa pregunta, veamos las obras de Marcel Simón, un experto en el Catolicismo tardío del primer siglo. Aunque Marcel Simón era un católico devoto, no estaba de acuerdo con Epifanio, diciendo que Epifanio sabía que la Iglesia Católica no descendía de los apóstoles.

"Ellos [los Nazarenos] se caracterizan esencialmente por su tenaz apego a las observancias judías. Si se convirtieron en herejes a los ojos de la Madre Iglesia, es simplemente porque permanecieron fijos en posiciones anticuadas. Si bien representan, aunque Epifanio esté enérgicamente negándose a admitirlo, a los descendientes directos de esa comunidad primitiva, de la cual nuestro autor [Epifanio] sabe que fue designado por los Judíos con el mismo nombre de "Nazarenos".
[Experto del primer siglo Marcel Simón, Judeocristianismo, pp. 47-48.]

Marcel Simón nos dice que Epifanio sabía que los Nazarenos eran los que descendían de los apóstoles Santiago, Juan, Pedro, Pablo, Andrés y los demás; Pero tanto Epifanio como Marcel Simón llamaban a los Nazarenos "herejes" porque seguían manteniendo la misma fe que el Mesías les había enseñado. Pero ¿no es esto lo que dice la Escritura?

Yehudah (Judas) 3
3 Amados, por la gran solicitud que tenía en escribirles acerca de nuestra común salvación, me pareció necesario escribirles exhortándoles a que luchen ardientemente por la fe que una vez fue entregada a los santos.

Si Judas nos dice que "contendamos fervientemente" por la fe que fue "una vez dada" a los santos, entonces ¿no es esta la fe que debemos guardar?

Cuando comencé a leer más acerca de la Iglesia Católica, empecé a ver que había muchos en la Iglesia Católica que sentían que "de alguna manera" tenían la autoridad para cambiar lo que las Escrituras enseñaban.

"Algunos teólogos han sostenido que Dios también determinó directamente el Domingo como el día de adoración en la Nueva Ley, (y) que Él mismo ha sustituido explícitamente el Shabat por el Domingo, pero ahora esta teoría está totalmente abandonada. Ahora comúnmente se sostiene que Dios simplemente le dio a su Iglesia el poder de apartar cualquier día o días que ella considerare adecuados como Días Santos. La Iglesia escogió el Domingo, el primer día de la semana, y con el tiempo añadió otros días como días santos". [John Laux, Curso de Religión para las Escuelas y Academias Católicas (1936), vol. 1, P. 51.]

¿Estaba John Laux diciendo que la Iglesia tenía autoridad para cambiar la palabra del Padre? ¿Qué sentido tenía eso? No tiene sentido alguno, pero otros Católicos afirmaron lo mismo.

"Pero podrán leer la Biblia desde Génesis hasta Apocalipsis, y no encontrarán una sola línea que autorice la santificación del Domingo. Las Escrituras imponen la observancia religiosa del Sábado, un día que nosotros [la Iglesia] nunca santificamos". [James Cardenal Gibbons, La fe de nuestros padres, 88a ed., Pp. 89.]

Muchas autoridades de alto rango de la Iglesia Católica admiten que la Iglesia Católica había cambiado los días de adoración por su cuenta.

"Pregunta: ¿Tienes alguna otra manera de probar que la Iglesia tiene poder para instituir festividades de precepto?

"Respuesta: Si no hubiera tenido tal poder, no hubiera podido hacer aquello en que todos los religiosos modernos están de acuerdo con ella; no podría haber sustituido la observancia del Domingo, el primer día de la semana, por la observancia del Sábado, el séptimo día, Un cambio para el cual no hay autoridad bíblica".
[Stephen Keenan, Catesismo Doctrinal 3ª ed., Pag. 174.]

Así, se puede decir que la Iglesia Católica afirma que tuvo el poder de cambiar los días de culto simplemente porque lo hicieron (y porque se salieron con la suya). Sin embargo, ¡Eso no coincide con la Escritura! Por el contrario, se nos dice que no debemos añadir ni quitar a Su palabra.

Devarim (Deuteronomio) 12:32
32 "Todo lo que Yo te mando, ten cuidado de observarlo, no le añadirás ni le quitarás".

El Creador le había dicho a Israel que mantuviera el séptimo día Shabat (Sábado) como Su día oficial de descanso, y nunca se profetizó que este sería cambiado.

Shemot (Éxodo) 20:8
8 "Acuérdate del día Shabat, para apartarlo (santificarlo)".

18

¿Qué pasó? ¿Habían reprimido los Católicos la fe original Israelita Nazarena? Y si es así, ¿cómo podemos reconstruir la fe original para aquellos que quieren practicarla?

Y ¿podemos verificar todo esto en las Escrituras? ¿Las Escrituras nos dicen en alguna parte que había dos grupos separados de personas en el primer siglo, los Cristianos y los Nazarenos? Y si es así, ¿a cuál grupo dicen las Escrituras que pertenecían los apóstoles?

El Israelita Nazareno: Yeshúa

En el último capítulo vimos que en el siglo IV los Cristianos y los Nazarenos eran dos creencias completamente separadas, y que los Cristianos perseguían a los Nazarenos. La historia indica que el Mesías Yeshúa era un Nazareno. Sin embargo, la historia no es suficiente; necesitamos probar todo desde la Escritura. Entonces, ¿Yeshúa era un Cristiano o un Nazareno?

El Pacto Renovado (Nuevo Testamento) nos dice que el Mesías Yeshúa sería llamado Nazareno porque creció en un pueblo llamado Nazaret (Natseret, נצרת). Veamos la Peshitta aramea.

Mateo 2:23 MGI	Peshita Aramea
23 Y vino y vivió en la ciudad que se llama Nazaret, para que se cumpliera lo que había dicho el profeta: Será llamado Nazareno.	ואתא עמר במדינתא דמתקריא נצרת איך דנתמלא מדם דאתאמר בנביא דנצריא נתקרא

A veces la gente busca esta referencia en las traducciones inglesas o españolas del Tanaj (Antiguo Testamento), pero no la encuentran porque la referencia es al hebreo de Isaías 11:1, donde se decía que una Vara (Rey David) crecería desde el tronco de Isaí (el padre de David), y que una Rama (Yeshúa) crecería de sus raíces. La palabra hebrea para "rama" es Netzer (נצר), que se muestra en el área sombreada a continuación.

| Isaías 11:1 NKJV
11 Saldrá una vara del tronco de Isaí, y una rama [Netzer] crecerá de Sus raíces. | Texto Masorético Hebreo
(1) וְיָצָא חֹטֶר מִגֵּזַע יִשַׁי ׀ וְנֵצֶר מִשָּׁרָשָׁיו יִפְרֶה |

En Mateo aparece en Arameo y en Isaías está en Hebreo, pero al omitir las vocales podemos ver que Nazareno (נצריא) y Netzer (נצר) tienen la misma raíz (נצר), por lo tanto, era correcto que Mateo dijera que Yeshúa sería llamado Nazareno.

En el pensamiento Hebreo y Arameo, si Yeshúa fue llamado Nazareno, entonces Sus seguidores también serían llamados Nazarenos. Por eso, en Hechos 24: 5, los Fariseos no acusaron al Apóstol Shaul (Pablo) de ser Cristiano, sino de ser un cabecilla de la secta de los "Nazarenos".

Ma'asei (Hechos) 24: 5
5 Porque hemos hallado a este hombre una plaga, un creador de disensiones entre todos los Judíos de todo el mundo, y un cabecilla de la secta de los Nazarenos.

Pero ¿por qué los fariseos decían que el apóstol Shaul era parte de una secta? En hebreo, el término para la palabra "secta" es min (מן), que significa una salida (apartar, salir). La idea básica es que la fe que Yahweh dio a Israel en el Monte Sinaí es la única fe verdadera y correcta, y que todo lo demás se aparta de esa fe. Por lo tanto, para los fariseos decir que Shaul era parte de una "secta" era lo mismo que decir que se había apartado de la verdad. Shaul, sin embargo, sintió que no había dejado la verdad, porque todavía creía todo lo que estaba escrito en la Torah y en los Profetas.

Ma'asei (Hechos) 24:14
14 Pero yo les confieso que, según el Camino que ellos llaman una secta (KJV: herejía), yo adoro al Elohim (Dios) de mis padres, creyendo todo lo que está escrito en la Ley (de Moshé) y en los Profetas".

Volveremos a examinar este tema en capítulos posteriores, una vez que tengamos más información de fondo. Sin embargo, por ahora, notemos que Shaul nunca dijo que era un Cristiano. Más bien, afirmó ser un Israelita, y dijo que todavía creía en todas las cosas que están escritas en la Ley y en los Profetas. Esto es algo que la mayoría de los Cristianos no pueden afirmar con honestidad.

Aunque la palabra "secta" puede referirse a un culto, en su mayoría se refiere a una subsección de algo más grande. Por ejemplo, la cristiandad puede dividirse en diferentes sub-sectas (católicas, protestantes, ortodoxas, por ejemplo), y dentro de estas sectas hay todavía más sub-sectas. Por ejemplo, dentro del protestantismo hay luteranos, bautistas, metodistas, pentecostales, etc. Irónicamente, los miembros de algunas sectas consideran herejes a los miembros de todas las otras sectas, esta actitud es Escritural, incluso si se aplica erróneamente.

El Judaísmo es igualmente excluyente y fragmentado. Los Judíos Ortodoxos forman la secta más grande, pero también hay Judíos Conservadores, Judíos Reformistas, Judíos Caraítas, Judíos Jasídicos y otros. Los Judíos Ortodoxos consideran a todas las otras sectas como herejes (como insinúa el lenguaje de Hechos 24:14, mencionada anteriormente).

Para comprender mejor, la Escritura nombra a los grupos de personas de acuerdo a sus actitudes y creencias. Es decir, los etiqueta según sus espíritus. Esta es la razón por la cual las mismas sectas todavía existen hoy en día,tal como existían en el primer siglo, sólo con nombres diferentes, dado que los mismos espíritus están todavía rondando hoy.

Primer Siglo	Hoy
Fariseos	Ortodoxos
Helenistas/ Judíos Griegos	Reformistas
Nazarenos	Nazarenos
"Fariseos que creyeron"	Judíos Mesiánicos

La secta de los Fariseos del primer siglo cambió su nombre en la Edad Media, y ahora se llaman los Judíos Ortodoxos. Los Judíos Caraítas de hoy descienden de la secta de los Saduceos. Aunque no hay conexión directa, los Helenistas del primer siglo (también llamados los Judíos "Griegos" en algunas traducciones) son similares a los Judíos Reformistas de hoy, porque tienen el mismo espíritu. Como veremos más adelante, los Judíos Mesiánicos rabínicos de hoy son como los "Fariseos que creyeron" nombrados en Hechos 15. (Hablaremos sobre los Judíos Mesiánicos con más detalle a medida que avanzamos en este libro). Ahora pasaremos un poco más de tiempo aprendiendo quiénes son estos grupos hoy en día, porque nos será útil más tarde.

La Escritura nombra a las personas según sus creencias y su caminar. Por ejemplo, Israel se llama

Israel porque creen en el Elohim de Israel (Yaakov). Sin embargo, la mayoría de las veces cuando leemos acerca de los Griegos (Helenistas) del Pacto Renovado, estos no son Griegos étnicos, sino Judíos menos devotos que obedecieron al invasor en lugar de obedecer a Yahweh. Alrededor de doscientos años antes de Yeshúa, el rey Helénico Antíoco invadió Judea, y ordenó a todos los Israelitas que olvidaran a Yahweh y adoraran a los dioses Griegos. Los que le obedecieron (incluso parcialmente) comenzaron a ser llamados "Griegos" (o Helenistas) por los Judíos Israelitas, como un término despectivo, porque habían adoptado las costumbres y tradiciones Griegas.

Maqabim Alef (1 Macabeos) 1:41-43
41 Además, el rey Antíoco escribió a todo su reino, para que todos fueran un solo pueblo,
42 Y cada uno dejaría sus leyes, y todas las personas acordaron conforme al mandamiento del rey.
43 Y muchos de los Israelitas consintieron en su religión, y sacrificaron a los ídolos, y profanaron el Shabat (Sábado).

Era común nombrar a las personas según su fe hasta la época de la Iluminación (como ejemplo: el Luciferismo) de los siglos XVII y XVIII. Esto es también cuando surgió el Judaísmo Reformista. Los Judíos Reformistas dicen que está bien mezclar la fe, y están abiertos a escuchar acerca de otras religiones. Este es el mismo espíritu de los Griegos (Helenistas) del primer siglo, y esta puede ser la razón por la cual los fariseos se preguntaban si Yeshúa iba a enseñar entre los griegos fuera de la tierra.

Yojanán (Juan) 7: 34-35
34 "Me buscarán y no me encontrarán, y donde Yo estaré, no podrán venir".

25

35 Entonces los Judíos dijeron entre sí: ¿Dónde piensa ir para que no lo encontremos? ¿Quiere ir a la Dispersión entre los Griegos y enseñar a los Griegos?

Más tarde veremos que, probablemente, el Cristianismo surgió entre los Judíos Helénicos, pero lo que necesitamos ver aquí es que la Escritura no nos etiqueta de acuerdo a nuestra herencia genética, porque Yahweh no se preocupa por nuestra herencia genética, sino por nuestros corazones. Es también por esto que Yojanán HaMatbil (Juan el Bautista) dijo a los Fariseos y los Saduceos que su herencia genética no era garantía de salvación.

Mattityahu (Mateo) 3: 7-9
7 Pero cuando vio a muchos de los Fariseos y Saduceos que venían a su inmersión (bautismo), les dijo: "Hijos de víboras, ¿quién les ha advertido para que huyan de la ira venidera?
8 Por tanto, den frutos dignos de arrepentimiento,
9 Y no piensen en decirse a ustedes mismos: Tenemos a Abraham como nuestro padre. Porque yo les digo que Elohim puede levantar hijos a Abraham de estas piedras".

Hoy en día (después de la época de la Iluminación) se cree que hay una diferencia entre ser un Israelí y ser un Israelita. Para ser un Israelí (es decir, para vivir en la tierra de Israel) se necesita el papeleo del estado. Sin embargo, para ser un Israelita, uno simplemente debe convertirse al culto del Elohim de Israel, como lo hizo Rut.

Ruth (Rut) 1: 16-17
16 Pero Rut dijo: "No me hagas abandonarte, ni apartarme de ti, porque dondequiera que fueres,

iré, y dondequiera que vivas, viviré, tu pueblo será mi pueblo, y tu Elohim mi Elohim. 17 Donde murieres, yo moriré, y allí seré sepultada. Yahweh me haga así, y más aún; solo la muerte nos separe a ti y a mí".

Irónicamente, mientras Rut se convirtió en una Israelita en el instante en que prometió lealtad al Elohim de Israel, si llegara hoy a la frontera de Israel sin los papeles del gobierno, probablemente sería rechazada. Esta clase de distinción no existe en la Escritura, ya que en las Escrituras vemos que la manera en que tú adoras a Elohim (y como tú te identificas a ti mismo), determinan lo que eres (y así es como eres llamado).

Teniendo todo esto en mente, notemos entonces que el Apóstol Shaul se autoidentificó como un Israelita, un seguidor del Elohim de Israel, y no como un Cristiano.

Qorintim Bet (2 Corintios) 11:22
22 ¿Son hebreos?, Yo también. ¿Son Israelitas?, yo también. ¿Son de la semilla de Abraham? Yo también.

Shaul dijo a los Judíos en Roma que Elohim no había desechado a su pueblo Israel, porque él también era un Israelita.

Romim (Romanos) 11: 1
1 Digo entonces: ¿Elohim abandonó a Su pueblo? ¡Ciertamente no! Porque yo también soy Israelita, de la simiente de Abraham, de la tribu de Benjamín.

Luego, cuando Shaul fue llevado a Roma, los Judíos allí querían oír hablar de la secta Nazarena de la fe Israelita (en lugar del Cristianismo sin Torah).

Ma'asei (Hechos) 28:22
22 Pero nosotros queremos saber de ti, lo que piensas; Porque sobre esta secta, sabemos que se habla contra ella en todas partes.

La diferencia entre la fe Nazarena original y el Cristianismo sin Torah, tiene mucho que ver con lo que podría llamarse comúnmente como "celo por las tres eles":

1. La tierra de Israel.
2. La lengua Hebrea.
3. La ley de Moshé.

Los Nazarenos se aferraron celosamente a su herencia en la tierra de Israel, la lengua Hebrea y la ley de Moshé, porque como veremos en el capítulo siguiente, entendieron que la ley de Moshé era un pacto matrimonial entre ellos y Yahweh Elohim, el cual tenían que obedecer si querían ser parte de la novia.

En contraste, la iglesia Cristiana enseña que la Ley no es un pacto conyugal, y que esta ha sido eliminada ("¡y hasta nunca!", dirían muchos de ellos).

La Torah: un Contrato Matrimonial

Aunque el término *"Cristiano"* no se usa hasta Hechos 11, el primer Cristiano sin-Torah probablemente aparece en Marcos 9:38. Allí, Yojanán (Juan) alerta a Yeshúa acerca de un hombre que estaba expulsando demonios en Su nombre, pero que no *seguía* a los discípulos.

Marqaus (Marcos) 9: 38-39
38 Yojanán le respondió: "Maestro, vimos a alguien que no nos sigue arrojando demonios en Tu nombre, y se lo prohibimos, porque no nos sigue".
39 Pero Yeshúa dijo: "No se lo prohibas, porque nadie que haga un milagro en Mi nombre, hablará mal de Mí".

¿Por qué decimos que este hombre probablemente fue el primer Cristiano? La respuesta radica en entender lo que significa *seguir* al Mesías. El Cristianismo enseña que mientras creamos en el Mesías e invoquemos Su nombre, significa que lo estamos *siguiendo*. En otras palabras, los Cristianos enseñan que mientras uno *piense* que Yeshúa es el Mesías, no es necesario caminar como Él caminó, ni guardar la ley de Moshé (Moisés). (Y, de hecho, la mayoría de los Cristianos creen que el Mesías vino a acabar con la ley de Moshé).

Marcos 9:38 nos muestra que la doctrina cristiana es lógicamente imposible. Si todo lo que uno debe hacer para *seguir* a Yeshúa es invocar Su nombre, entonces ¿cómo podría Yojanán decir que había un hombre que incluso estaba echando fuera demonios en el nombre de Yeshúa, y que no lo estaba *siguiendo*? Claramente, cualquiera que expulse un demonio en el nombre de

Yeshúa, está invocando Su nombre (y cree en Él), sin embargo, Yojanán dijo que este hombre no lo *seguía*.

La razón por la cual la iglesia cristiana pierde el blanco es porque utiliza una definición incorrecta de la palabra *creer*. La iglesia utiliza la definición Helénica (griega), que se basa principalmente en pensamientos y no en acciones. En el pensamiento helénico, *pensar* y *creer* pueden ser sinónimos, y por eso la iglesia cristiana enseña que, si *pensamos* que Yeshúa es el Mesías, entonces *creemos* que Él es el Mesías, y que este pensamiento es suficiente para salvarnos.

El problema con este modelo Helénico es que no requiere obediencia a ninguna norma externa (como la ley de Moshé). Y mientras tú *creas* que Yeshúa es el Mesías, tú puedes descansar en cualquier día de la semana que quieras, (y hacer lo que te dé la gana). El modelo Helénico dice que, si tú crees, no hay nada que obedecer.

En contraste, la lengua Hebrea se basa en función y acción. Debido a que el modelo Helénico conduce a un resultado equivocado, los Nazarenos rechazan, por defecto, el modelo Helénico.

En el pensamiento Hebreo, el hombre fue creado para purificarse a sí mismo por medio de la obediencia a la voluntad de Elohim (tal como está escrito en la ley de Moshé). Por lo tanto, un hebreo asume que, si verdaderamente *creemos* en Él, entonces queremos seguir Sus leyes, y viceversa, si no seguimos Sus leyes, no hay prueba de que creamos en Él (y, por lo tanto, por extensión lógica, "no" creemos realmente en Él).

La palabra Hebrea para la *ley* es *Torah*. Esta palabra se traduce a menudo como ley, porque los deseos del Rey del universo tienen el peso de ley. Sin embargo, la palabra *Torah* realmente se traduce como *instrucción*. En contexto, se refiere a las *instrucciones* dadas a la novia de Yahweh (Israel), cincuenta días después de que ella salió de Egipto. Fue dado a ella como un pacto matrimonial, a la que ella dijo: "Si, lo haré".

Shemot (Éxodo) 19: 8
8 Entonces todo el pueblo respondió y dijo: Todo lo que Yahweh ha dicho, lo haremos.

La idea era que, si Israel seguía la Torah de Yahweh y se purificaba según la Torah, ella (Israel) sería más agradable a Él (Yahweh). De esta manera, Yahweh querría tomarla como Su esposa para siempre. Los hijos de Israel aceptaron estas condiciones cuando dijeron: "Lo haremos", al pie del monte Sinaí. A la luz de este conocimiento, podemos ver porque es problemático cuando los Cristianos dicen que no es necesario guardar la Torah, especialmente cuando Moshé nos dice que Yahweh dio la Torah a Israel para su propio bien.

Devarim (Deuteronomio) 10: 12-13
12 Y ahora, Israel, ¿qué pide Yahweh tu Elohim?, sino que temas a Yahweh tu Elohim, andes en todos Sus caminos y lo ames, y que sirvas a Yahweh tu Elohim con todo tu corazón, y con toda tu alma;
13 para guardar los mandamientos de Yahweh, y Sus estatutos, que Yo te mando hoy para tu bien.

La Cristiandad cree que el Esposo vino a dejar a la novia libre de algo que le fue dado para su propio bien, pero ¿qué sentido tiene esto?

Si nos damos cuenta de que el Rey del universo nos dio Sus instrucciones nupciales para que pudiéramos ser una novia más agradable para Él, entonces podemos entender pasajes como 1 Juan 2:3-5, que nos dicen que, a menos que deseemos verdaderamente mantener los mandamientos del Novio, no conocemos (o amamos) realmente al Novio.

Yojanán Alef (1 Juan) 2: 3-5
3 Y por esto sabemos que le conocemos; Si guardamos Sus mandamientos.
4 El que dice: "Yo le conozco", pero no guarda Sus mandamientos es mentiroso; Y la Verdad no está en él.
5 Mas el que guarda Su palabra, verdaderamente se ha perfeccionado el amor de Elohim en él; por esto sabemos que estamos en Él.

También se nos dice que la trasgresión de la Torah es pecado.

Yojanán Alef (1 Juan) 3: 4
4 El que comete pecado, también comete transgresión de la Torah; Porque el pecado es la transgresión de la Torah.

Si el pecado es transgredir la Torah, la transgresión de la Torah es pecado. Por lo tanto, si desobedecemos Su pacto nupcial, estamos pecando, y Él no tendría ninguna obligación para casarse con nosotros.

Algunos Cristianos citarán Juan 3:16 para decir que no hay necesidad de mantener el pacto matrimonial, porque mientras creamos en Yeshúa, tenemos la vida eterna.

Yojanán (Juan) 3:16
16 Porque Elohim amó tanto al mundo, que dio a Su Hijo unigénito, para que todo aquel que en Él cree, no se pierda, más tenga vida eterna.

Juan 3:16 es claramente verdadero, pero ya hemos visto que los Cristianos definen la palabra "creer" incorrectamente. Observa que veinte versículos después, Juan el Bautista nos dice que a menos que *obedezcamos* al Hijo (el cual quiere que mantengamos Su pacto matrimonial), la ira de Elohim permanecerá sobre nosotros (y no seremos tomados en matrimonio). Vamos a citar aquí desde el New American Standard Updated (NASU).

Juan 3:36 NASU
36 "El que cree en el Hijo tiene vida eterna, pero el que no obedece al Hijo no verá la vida, sino que la ira de Dios permanece en él".

Los traductores de la King James, sin embargo, no se dieron cuenta de que la Torah es un pacto nupcial, así que, aunque tenían la mejor de las intenciones, tradujeron mal Juan 3:36.

Juan 3:36, KJV	BGT Juan 3:36
36 "El que cree en el Hijo tiene vida eterna; y el que no cree al Hijo, no verá la vida; Sino que la ira de Dios permanece sobre él".	ὁ πιστεύων εἰς τὸν υἱὸν ἔχει ζωὴν αἰώνιον· ὁ δὲ ἀπειθῶν τῷ υἱῷ οὐκ ὄψεται ζωήν, ἀλλ᾽ ἡ ὀργὴ τοῦ θεοῦ μένει ἐπ᾽ αὐτόν.

La frase "no cree" se traduce incorrectamente. Es el G544 del Diccionario Strong, *apeitheó* (ἀπειθῶν), que significa *no creer*, refiriéndose en el sentido de la desobediencia voluntaria y perversa.

G544 *Apeitheó* de G:545; descreer (voluntaria y perversamente): no creer, desobedecer, desobediencia, desobediente, no obedecer, rebelde.

Por lo tanto, la interpretación de la NASU es más precisa:

Juan 3:36 NASU
36 "El que cree en el Hijo tiene vida eterna, pero el que no obedece al Hijo no verá la vida, sino que la ira de Dios permanece en él".

Si el pacto conyugal ha sido eliminado (como sugiere el Cristianismo), entonces no debería haber nada que desobedecer, pero claramente lo hay, o Juan no nos advertiría contra la desobediencia voluntaria y perversa. Además, si miramos lo anterior, la referencia a G:545 (arriba), vemos que se nos advierte de no ser desobedientes al punto de que no tengamos corrección, o de ser muy obstinados. Esto puede parecer una descripción apta de la insistencia cristiana de que la ley ha sido eliminada.

G:545 *Apeithés* de G:1 (como partícula negativa) y G:3982; impersuadible, i.e. contumaz: rebelde, desobediente.

Entonces, ¿Por qué los apologistas Cristianos enseñan que la Torah es una carga imposible, innecesaria, y que es demasiado difícil de guardar? ¿No se dan cuenta de que están contradiciendo lo que el Apóstol Juan dijo en su primera epístola?

Yojanán Alef (1 Juan) 5: 2-3
2 Por esto sabemos que amamos a los hijos de Elohim: cuando amamos a Elohim y guardamos Sus mandamientos.
3 Porque este es el amor de Elohim: que guardemos Sus mandamientos, y Sus mandamientos no son gravosos.

Cuando amamos a Yeshúa, no es una carga hacer lo que Él nos pide, por el contrario, esto es un motivo de alegría. Además, si el Hijo del Elohim viviente quiere que nos preparemos para ser Su esposa, ¡esto no es una carga, sino un motivo de gran alegría!

Los Nazarenos no encuentran los mandamientos de Yeshúa gravosos, porque aman a Su esposo, y quieren complacerlo de la mejor manera posible. Entonces, ¿por qué los Cristianos se regocijan con el pensamiento de ser liberados de Su pacto matrimonial? (¿y cuál de estas dos filosofías parece más motivada por el amor al Esposo?).

La iglesia Cristiana enseña que el Mesías vino a clavar la Torah en la cruz, y, por lo tanto, no hay más mandamientos que obedecer. También enseñan que el deseo de obedecer los mandamientos de Elohim es legalismo, y debe ser estrictamente evitado. Pero ¿por qué enseñan esto? ¿No se dan cuenta de que están directamente en contradicción con Yeshúa, el cual nos dijo de la forma más clara posible que *no pensáramos* que había venido a destruir la Torah? (por el contrario, vino para cumplir una parte de las profecías).

Mattityahu (Mateo) 5: 17-19
17 "No piensen que he venido a destruir la Torah o los Profetas, no he venido a destruir, sino a cumplir.

18 Porque en verdad les digo que hasta que el cielo y la tierra pasen, ni una jota, ni una tilde pasarán de la Torah, hasta que todo se cumpla.

19 Cualquiera, pues, que rompa uno de los mandamientos más pequeños, y así enseñe a los hombres, será llamado pequeño en el Reino de los Cielos; pero el que los cumpla y así enseñe, será llamado grande en el reino de los cielos".

Hay muchas profecías en la Torah y en los Profetas, y Yeshúa vino a cumplir algunas de ellas, pero hay otras que aún no se cumplen. Yeshúa dijo que *no pensáramos* que Él vino a acabar con los mandamientos. De hecho, Él nos advierte claramente que cualquiera que rompa uno de los mandamientos más pequeños, y así enseñe a los hombres, será llamado muy pequeño en el reino de los cielos.

Irónicamente, cuando se enfrentan a las palabras de Yeshúa, muchos Cristianos buscan a través de las cartas de Shaul (Pablo) algo que puedan usar para explicar las palabras de Yeshúa. Cuando se les pregunta por qué hacen esto, no tienen una buena respuesta.

Algunos Cristianos dicen que las palabras de Shaul explican cómo debemos interpretar las palabras de Yeshúa. Sin embargo, esto no es una buena interpretación. El apóstol Pedro (Kefa) nos advirtió que los escritos de Shaul eran difíciles de entender, y que incluso en sus días, había un grupo de creyentes "ignorantes e inconstantes" que retorcían las palabras de Shaul para justificar la agenda del evangelio sin-Torah.

Kefa Bet (2 Pedro) 3: 15-17
15 Consideren la paciencia de nuestro Maestro salvador [literalmente: Yeshúa], como también

nuestro hermano Shaul les escribió, según la sabiduría que le fue dada;
16 Como también en todas sus epístolas, hablando en ellas acerca de estas cosas, en las cuales algunas cosas son difíciles de entender, las cuales los ignorantes e inconstantes tuercen, para su destrucción, como también el resto de las Escrituras.
17 Entonces, amados, estando prevenidos, velen; no sea que siendo llevados por el error de los que no tienen Torah, caigan de su propia firmeza.

Pensemos en esto: En el primer siglo, ¿quiénes eran los que creían en Yeshúa, y que también retorcían las palabras de Shaul para sugerir que la Torah y los Profetas fueron eliminados? ¿Podría ser el mismo grupo de personas que hoy creen en "Jesús", y nos dicen que las palabras de "Pablo" nos dicen que la Torah y los Profetas han sido eliminados?

¿Es posible que la misma gente de la cual nos advirtió Kefa, sean nada más que los llamados Cristianos del primer siglo? Sí, ese es exactamente el caso, y para entender cómo podemos protegernos de ser desviados por el error de los transgresores de la Torah (que es nuestro contrato matrimonial con nuestro Esposo), aprenderemos más acerca de las epístolas del Apóstol Shaul y de lo que realmente eran los sacrificios de animales.

Acerca del Sacrificio de Animales por los Pecados

En Mateo 22, Yeshúa cita dos versículos de la Torah para mostrar que el amor siempre ha estado en el corazón de la Torah.

Mattityahu (Mateo) 22: 37-40
37 Y Yeshúa le dijo: Amarás a Yahweh tú Elohim con todo tu corazón, con toda tu alma y con toda tu mente. [Deuteronomio 6: 5]
38 Este es el primer y gran mandamiento.
39 Y el segundo es semejante: Amarás a tu prójimo como a ti mismo. [Levítico 19:18]
40 En estos dos mandamientos cuelgan toda la Torah y los Profetas".

Los apologistas Cristianos retuercen este pasaje para que parezca que el amor hace nulo y vacío el pacto matrimonial, diciendo que el pacto matrimonial solo depende del amor. Sin embargo, eso no tiene sentido. Si un matrimonio depende solamente del amor, ¿de qué manera podría el amor eliminar el matrimonio? (Y si amas a tu cónyuge, ¿significa esto que tu matrimonio ahora se ha anulado?).

La iglesia Cristiana nos dice que la guardar la Torah es demasiado difícil para cualquier ser humano, aunque Moshé (Moisés) nos dice lo contrario. Moshé nos dice que la palabra está muy cerca de nosotros, para que así podamos cumplirla.

Devarim (Deuteronomio) 30: 11-14
11 Porque este mandamiento que yo te mando

hoy no es demasiado difícil para ti, ni está muy lejos de ti.
12 No está en el cielo, para que digas: ¿Quién subirá al cielo por nosotros y nos lo traerá para que lo oigamos y lo obedezcamos?
13 Y no está más allá del mar, para que digas: ¿Quién pasará por nosotros el mar, y nos lo traerá para que lo oigamos y lo obedezcamos?
14 Más bien, la palabra está muy cerca de ti, en tu boca y en tu corazón, para que la obedezcas.

Los eruditos Cristianos nos dicen que siempre fue imposible para Israel guardar la Torah. Sin embargo, esto convertiría a Yahweh en un cruel torturador. Esto significaría que Él liberó a los hijos de Israel de la esclavitud física de Egipto, sólo para ponerlos bajo la esclavitud espiritual de la Torah, requiriendo algo que nunca podría ser hecho para poder rechazarlos cruelmente al final. Pero ¿suena esto como nuestro amoroso Padre Celestial?

Es cierto que Shaul (Pablo) les dijo a los Gálatas que la Torah puede ser una especie de maldición si creen equivocadamente que pueden ganar su salvación por hacer las "obras de la ley" (las cuales, principalmente, son las leyes orales rabínicas de cómo debemos guardar la Torah Escrita).

Galatim (Gálatas) 3: 10-14
10 Porque todos los que dependen de las obras de la ley están bajo maldición; Porque está escrito: "Maldito todo aquel que no permaneciere en todas las cosas que están escritas en el libro de la Torah, para hacerlas".
11 Pero, que nadie es justificado por la Torah (oral) a los ojos de Elohim, es evidente, porque "el justo por la fe vivirá".

12 Sin embargo, la Torah (oral) no es de fe, sino que "el que la obedece (Torah escrita) vivirá por ello".

13 El Mesías nos ha redimido de la maldición de la Torah, habiéndose hecho maldición por nosotros, porque está escrito: "Maldito todo el que es colgado en un madero", 14 para que la bendición de Abraham llegara a los gentiles en el Mesías Yeshúa, para que recibiésemos la promesa del Espíritu por medio de la fe.

La clave para entender a Shaul es recordar que él siempre etiquetó a la gente de acuerdo a cómo creen que son salvos. Cuando habla de los que *son* de las obras de la ley, no habla de los israelitas Nazarenos que *obedecen* la ley escrita. Más bien, está hablando de aquellos que creen que reciben la salvación como *resultado directo* de haber realizado las obras de la ley (Torah oral principalmente) como una especie de "lista de verificación" para obtener la salvación. (Esta es una descripción apropiada de nuestros hermanos Fariseos/Ortodoxos).

Shaul dice que, si crees que eres salvo como resultado de hacer obras con tus manos, entonces realmente estás bajo una maldición, porque te sientes obligado a seguir haciendo las obras con tus manos en una vana esperanza de que esto de alguna manera te salve. Sin embargo, nadie es salvo como resultado de hacer las cosas con sus propias manos, porque el justo será salvo (y, por lo tanto, vivirá) por la fe. Sin embargo, aunque los puntos específicos de la "ley de la Torah" (o torah oral) no son *de fe*, los que guardan la Torah escrita (como los Israelitas Nazarenos) vivirán por ello.

Si estamos dispuestos a aceptarlo, el Mesías tomó la maldición (de creer que podemos salvarnos a nosotros mismos haciendo las cosas con nuestras propias manos) sobre Sí mismo, habiéndose hecho maldición por nosotros, por así decirlo, para que podamos recibir la promesa que fue dada a Abraham por su fe. Sin embargo, lo que dijo Shaul, no puede significar que no debemos obedecer lo que está escrito en la Torah Escrita, porque veremos que él mismo obedeció todo lo que estaba escrito en la Torah.

Muchos Cristianos se asombran de saber que los apóstoles todavía realizaban los sacrificios de animales, incluso muchos años después de la resurrección de Yeshúa. Para ver esto, comencemos en Hechos 18:18, donde el apóstol Shaul se afeitó la cabeza, porque había hecho un voto.

Ma'asei (Hechos) 18:18
18 Pero Shaul permaneció con ellos un buen tiempo. Entonces se despidió de los hermanos y navegó hacia Siria, y Priscila y Aquila estaban con él. Se afeitó la cabeza a Cencrea, porque había hecho un voto.

El único voto en la Escritura que llama a afeitarse la cabeza es el voto de Nazareo, que se encuentra en Números 6. Cuando uno termina un voto Nazareo, se afeita la cabeza y luego va al templo, donde se ofrecen tres sacrificios de animales, uno de los cuales es un sacrificio por el pecado (versículo 14).

Bemidbar (Números) 6: 13-18
13 Y esta es la Torah del Nazareo: Cuando se cumplan los días de su separación, será llevado a la puerta del tabernáculo de reunión.

14 Y ofrecerá su ofrenda a Yahweh, un cordero de un año sin mancha como holocausto, una cordera de un año sin mancha como ofrenda por el pecado, un carnero sin mancha como ofrenda de paz,

15 un cesto de panes sin levadura, tortas de flor de harina mezcladas con aceite, obleas sin levadura ungidas con aceite, y su ofrenda de cereal con sus libaciones.

16 Entonces el sacerdote los pondrá delante de Yahweh, y ofrecerá su expiación y su holocausto;

17 y ofrecerá el carnero como sacrificio de paz a Yahweh, con la canasta de los ázimos; El sacerdote ofrecerá su ofrenda de cereales y su libación.

18 Entonces el Nazareo rasurará su cabeza consagrada a la puerta del tabernáculo de reunión, y tomará el cabello de su cabeza consagrada y lo pondrá en el fuego que está bajo el sacrificio de la ofrenda de paz.

Si observamos que el término "*subir*" significa "*subir a Jerusalem*", entonces podemos ver que Shaul subió a Jerusalem después de apartar su voto de Nazareo.

Ma'asei (Hechos) 18: 21-22

21 Y él se despidió de ellos, diciendo: Por cierto, es necesario que yo celebre la fiesta venidera en Jerusalem; más vendré otra vez a ustedes, si Elohim quiere.

22 Y desembarcó en Cesarea, y subió [a Jerusalem], y saludó a la iglesia, y descendió a Antioquía.

Shaul separó otro voto Nazareo cuando se reunió con los apóstoles en Hechos 21. Mientras que los que estaban en Jerusalem se alegraron al escuchar los logros de Shaul entre los gentiles, habían oído rumores de que Shaul ya no era celoso de la Torah de Moshé y habían oído rumores que Shaul ahora enseñaba *contra* la Torah de Moshé. Vamos a leer cuidadosamente, y tratar de visualizar la conversación.

Ma'asei (Hechos) 21: 20-22
20 Y al oír esto, glorificaron a Yahweh. Y le dijeron: "¡Mira hermano, cuántas miríadas de Judíos hay que han creído, y todos son celosos de la Torah [de Moshé]!
21 Pero han sido informados acerca de ti, que enseñas a todos los Judíos que están entre los gentiles a abandonar a [la Torah de] Moshé, diciendo que no deben circuncidar a sus hijos, ni caminar de acuerdo con las costumbres [Hebraicas].
22 ¿Qué hay de esto [si es verdad]? La asamblea ciertamente debe reunirse [porque es una fiesta de peregrinación], y oirán que has venido".

Israel puede definirse operacionalmente como aquellos creyentes que se esfuerzan diligentemente por mantener la Torah de Yahweh, y si Shaul enseñó contra la Torah, habría sido una ofensa digna de una desvinculación instantánea. Esto sería una verdadera crisis, porque los judíos venían a Jerusalem, de todo el mundo conocido, para guardar la fiesta de Pentecostés. Cuando la asamblea se reunió, seguramente escucharían que Shaul estaba allí, y si se descubrió que estaba enseñando contra la Torah (escrita), entonces las miríadas de judíos que eran "celosos de la Torah" (Hechos 21:20, arriba) querrían sacarlo de la asamblea (tal vez incluso por lapidación).

Entonces, ¿qué podrían hacer para disipar los malentendidos de las epístolas de Shaul? Yaakov

(Jacobo) tenía un plan. Ya que Shaul había subido a Jerusalem para terminar su voto de Nazareo, Yaakov le dijo que tomara a otros cuatro hombres, que también habían terminado sus votos Nazareos, y que pagara todos sus gastos. Este sería un total de quince sacrificios de animales, lo que costaría una enorme suma de dinero en el primer siglo. Nadie pagaría por quince sacrificios de animales si no creyese que tenía que guardar la Torah, y esto demostraría al mundo que Shaul también caminó ordenadamente guardando la Torah de Moshé.

> Ma'asei (Hechos) 21: 23-24
> 23 Por tanto, haz lo que te decimos: Tenemos cuatro hombres que [también] han tomado un voto [Nazareo].
> 24 Tómalos, y purifícate con ellos, y paga sus gastos para que se afeiten la cabeza; para que todos sepan que las cosas de las cuales fueron informadas acerca de ti [enseñando contra la Torah] no son verdad, sino que tú también andas ordenadamente y guardas la Torah (escrita)".

Este evento tiene lugar cerca del final del ministerio de Shaul, después de que la mayoría de sus epístolas ya estaban escritas. Si realmente hubiera creído que la Torah y los sacrificios de animales habían sido abolidos, ¿por qué tomó un voto Nazareo? ¿Y por qué aceptó pagar por un total de quince sacrificios de animales (incluyendo cinco sacrificios por el pecado) para que todos supieran que los rumores que lo concernían eran falsos, y que él mismo también andaba ordenadamente y guardaba la Torah?

Los apóstoles claramente continuaron ofreciendo sacrificios de animales después del sacrificio de Yeshúa. De hecho, parece sugerir que la única razón por la que cesaron fue porque los romanos destruyeron el templo. Aún así, hay muchas personas que tienen una fuerte reacción a esto y que quieren saber por qué los apóstoles seguirían ofreciendo sacrificios de animales después del sacrificio de Yeshúa.

Discutimos el sistema de sacrificio de animales con más detalle en "Acerca de los Sacrificios" (en *Estudios Escriturales Nazarenos, Volumen Uno*), pero como es un tema tan crítico, daremos una breve explicación aquí. Primero veamos Hebreos 10: 3-4, donde se nos dice que es imposible que la sangre de los toros y las cabras quiten los pecados.

Ivrim (Hebreos) 10: 3-4
3 Pero en estas ofrendas cada año se hace recuerdo de los pecados;
4 Porque es imposible que la sangre de los toros y de los machos cabríos quiten los pecados.

La iglesia usa esto como un supuesto texto probatorio de que los sacrificios de los animales son eliminados, cuando en realidad es exactamente lo contrario.

Israel puede definirse operativamente como "aquellas personas que se esfuerzan por cumplir Su pacto". Aquellos que no se esforzaban por guardar Su pacto siempre fueron puestos fuera del campamento, para que el resto del campamento pudiera mantenerse puro, sin mancha y separados de las actitudes contaminantes del mundo. Cada vez que un israelita se daba cuenta de que había pecado, siempre se esperaba que él estuviera ansioso por corregirse a sí mismo. Esto contrasta con los sistemas judiciales de todas las demás naciones del mundo, que sólo son capaces de mantener un falso sentido de la ley y el orden mediante las amenazas de castigo.

Una novia que ama a su marido nunca necesita ser castigada. Tan pronto como se da cuenta de que no está complaciendo a su marido, está ansiosa por corregirse a sí misma (porque quiere complacerlo). Este es el mismo principio sobre el cual Israel debería operar siempre. Debido a esto, los sacrificios por el pecado nunca fueron destinados a quitar el pecado. Ellos sólo tenían la intención de servir como un recordatorio, espantoso y costoso, de que la paga del pecado es la muerte, y que uno debía tener cuidado de obedecer el pacto matrimonial, o de lo contrario serían excluidos de la vida eterna (porque Yahweh no tiene razón para salvar a aquellos que no se esfuerzan diligentemente en obedecer Sus instrucciones [Torah]).

Aunque Yahweh perdona el pecado involuntario, Él, aun así, pide una ofrenda por el pecado. Sin embargo, si alguien hace algo "presuntuosamente", es decir, a propósito, o por rebeldía, será cortado del pueblo.

Bemidbar (Números) 15: 27-30
27 Y si una persona pecare involuntariamente, traerá una cabra de un año como ofrenda por el pecado.
28 Y el sacerdote hará expiación por la persona que pecare involuntariamente, cuando peca sin querer delante de Yahweh, para hacer expiación por él; Y le será perdonado.
29 Tú tendrás una sola Torah para el que peca involuntariamente, tanto para el nativo entre los hijos de Israel, como para el extranjero que habita entre ustedes.
30 Mas el que hiciere presuntuosamente, sea nativo o extranjero, él afrenta a Yahweh, esa alma será cortada de entre su pueblo.

El infame pecado del rey David con Betsabé fue intencional y premeditado; Sin embargo, el rey David estaba negando su pecado. Cuando el profeta Natán ayudó al rey David a darse cuenta de su pecado, el rey David inmediatamente se arrepintió, y Yahweh perdonó su pecado en ese momento (sin tener que sacrificar un animal en ese momento).

Shamuel Bet (2 Samuel) 12: 13-14
13 Y David dijo a Natán: He pecado contra Yahweh. Y Natán dijo a David: Yahweh también ha quitado tu pecado, y no morirás.
14 Sin embargo, porque por este hecho has dado gran ocasión a los enemigos de Yahweh para blasfemar, el niño que te ha nacido ciertamente morirá.

El rey David se arrepintió, y Natán inmediatamente le dijo que Yahweh había perdonado su pecado. Pero, aun así, tuvo que pagar por su pecado (en este caso, el hijo de su enlace ilícito con Betsabé tenía que morir). La muerte de su hijo sirvió como un terrible recordatorio de que la paga del pecado es muerte, por lo que Hebreos 10:3 (arriba) nos dice que los sacrificios de animales sólo sirven como *recordatorio* de los pecados, año tras año, ya que la sangre de los toros y de las cabras, nunca pueden quitar los pecados. Sólo Yeshúa puede hacer esto.

Cuando el Santo Templo estaba en pie, los apóstoles ofrecieron sacrificios de animales como un *recuerdo* espantoso y costoso de sus pecados, pero, aún con esto, ellos todavía necesitaban aceptar el sacrificio expiatorio de Yeshúa, el cual tuvo lugar cuando Él tomó todas nuestras maldiciones sobre Sí mismo, colgado en un madero.

Explicamos los sacrificios con más detalle en "*Estudios Escriturales Nazarenos, Volumen Uno*", pero en Hechos 21 vemos que mientras el Templo existía, los apóstoles todavía ofrecían sacrificios de animales en los momentos apropiados. Esto seguramente es porque sabían que las palabras de Yeshúa en Mateo 5:17-18 eran verdaderas, de que "hasta que el cielo y la tierra pasen, ni siquiera la parte más pequeña de la Torah pasará", porque ella es nuestro pacto matrimonial.

El Calendario que Guardaban los Apóstoles

La Iglesia Romana utiliza el calendario Romano, en el cual el día comienza a la medianoche. Por el contrario, el día Hebreo comienza al caer la noche. Esto lo vemos, por ejemplo, en Génesis 1:31 que nos dice:

Bereshit (Génesis) 1:31
31 Y fue la tarde y fue la mañana: día sexto.

Levítico 23 verifica esto, diciéndonos que el día Hebreo dura desde el atardecer de un día hasta el atardecer del otro día.

Vayiqra (Levítico) 23:32
32 "El noveno día del mes, al atardecer, de tarde a tarde, guardarás tu Shabat".

La iglesia Romana justifica sus cultos dominicales, la Navidad y la Pascua, citando erróneamente ciertos pasajes del Pacto Renovado (Nuevo Testamento). Uno de estos pasajes es Hechos 20: 7-12.

Ma'asei (Hechos) 20: 7-12
7 Y aconteció que el primer día de la semana, cuando los discípulos se reunieron para partir el pan, Shaul, dispuesto a partir el día siguiente, les habló y continuó su mensaje hasta la medianoche.
8 Había muchas lámparas en el aposento alto, donde estaban reunidos.
9 Y en una ventana estaba sentado un joven llamado Eutico, que se hundía en un sueño profundo. Se quedó dormido; Y mientras Shaul

seguía hablando, cayó de la tercera planta y fue levantado muerto.

10 Pero Shaul bajó y se postró sobre él, y abrazándole le dijo: No se preocupen, porque su vida está en él.

11 Luego él subió, y partido el pan comió, y hablaron mucho tiempo, hasta el amanecer, y se fue.

12 Y trajeron al joven vivo, y fueron grandemente consolados.

Según la iglesia Cristiana, los discípulos se reunieron el domingo por la mañana para el desayuno, escucharon a Shaul (Pablo) hasta la medianoche (cuando Eutico se cayó por la ventana), comieron una comida después de la medianoche y luego continuaron su reunión hasta el amanecer del lunes. Esto podría sonar coherente, hasta que nos preguntamos; ¿por qué había tantas lámparas en la habitación superior durante las horas de luz del día?, y así mismo ¿por qué se saltaron el almuerzo y la cena?

En cambio, si nos damos cuenta de que los apóstoles todavía guardaban el calendario Hebreo original, de repente todo tiene sentido. La costumbre Judía es adorar en la sinagoga (o en el templo) el día Shabat y luego encontrarse en la casa de algún amigo después del atardecer. Cuando se reúnen para esta festividad después del Shabat (sábado), el pueblo Judío suele compartir una comida comunitaria. Esto se llama *partir el pan*. Si los discípulos estaban reunidos después del fin del Shabat (justo después del atardecer) y comieron juntos una cena común; esto explicaría por qué necesitaban tantas lámparas. También dejaría claro que estaban disfrutando de un tiempo tradicional Judío de adoración y celebración.

Este mismo tipo de compañerismo post-Shabat, también está registrado en el libro de Juan.

Yojanán (Juan) 20:19
19 Y aquel mismo día, al atardecer, siendo el primer día de la semana, estando cerradas las puertas de los discípulos en el lugar donde se reunían, por temor de los Judíos [Ortodoxos], Yeshúa se acercó y se paró en medio de ellos, y les dijo: "La paz sea con ustedes".

Yeshúa fue condenado a muerte en la fiesta de Pesaj. En Jerusalem hace bastante calor en esa fecha, entonces, si hacía calor, lo lógico habría sido dejar las puertas abiertas. Sin embargo, como había persecución, los discípulos cerraron sus puertas.

Entonces, ¿por qué la iglesia Cristiana utiliza estos pasajes para justificar el culto dominical, cuando el libro de los Hechos dice que la costumbre del Apóstol Shaul era ir a las sinagogas Judías en Shabat?

Ma'asei (Hechos) 13: 14-16
14 Y pasando de Perge, llegaron a Antioquía de Pisidia, y entrando en la sinagoga, el día Shabat, se sentaron.
15 Y después de la lectura de la Torah y de los profetas, los gobernadores de la sinagoga les enviaron a decirles: "Hermanos, si hay alguna palabra de exhortación al pueblo, hablen".
16 Y levantándose, y señalando con su mano, Shaul dijo: ¡Varones de Israel, y temerosos de Elohim, escuchen!

La iglesia Cristiana enseña que Shaul fue por todo el mundo conocido, sacando Judíos de las sinagogas y plantando iglesias dominicales. Pero ¿cómo apoyan esta afirmación? Shaul comenzó una nueva asamblea cuando fue expulsado de la sinagoga (Farisaica) en Corinto, y estableció una asamblea Nazarena al lado, pero también se reunieron en Shabat.

Ma'asei (Hechos) 18: 5-8
5 Cuando Silas y Timoteo habían llegado de Macedonia, Shaul fue obligado por el Espíritu, y testificó a los Judíos que Yeshúa es el Mesías.
6 Pero cuando se opusieron a él y blasfemaron, él sacudió sus vestiduras y les dijo: "Su sangre sea sobre sus propias cabezas, yo estoy limpio, de ahora en adelante iré a los gentiles".
7 Y partiendo de allí, entró en la casa de un hombre llamado Justo, uno que adoraba a Elohim, cuya casa estaba al lado de la sinagoga.
8 Y Crispo, el principal de la sinagoga, creyó en Yahweh con toda su familia. Y muchos de los Corintios, oyendo, creían y eran sumergidos [bautizados].

Aunque Shaul fundó una nueva asamblea en Corinto, no fue llamada una "iglesia", probablemente fue llamada una "sinagoga", o una "kehilah" (asamblea). Más importante aún, esta asamblea se reunía en Shabat, al igual que el Nazareno al que ellos seguían.

Luqa (Lucas) 4:16
16 Y vino (Yeshúa) a Nazaret, donde había sido criado. Y como era Su costumbre, entró en la sinagoga en el día Shabat, y se puso de pie para leer.

La Versión King-James (KJV) usa la palabra "Ishter" en Hechos 12:4, simplemente porque los traductores de la versión King James tradujeron incorrectamente la palabra griega Pasha (Pesaj) como "Ishter" (Nota del traductor: en español la palabra griega "Pacha" fue traducido como Pascua, que es una buena traducción, pero la fecha y el modo de celebrar la fiesta sigue siendo la misma que la celebración Babilónica-Romana de "Ishter").

Ma'asei (Hechos) 12: 4 KJV
4 Y cuando lo apresó, lo puso en la cárcel y lo entregó a cuatro cuaterniones de soldados para que lo custodiaran, con la intención de sacarlo al pueblo después de Ishter (sic).

Todas las versiones principales después de la versión King James han corregido desde entonces este error.

Hay varias referencias a Pesaj en el Pacto Renovado. Todas estas demuestran que los apóstoles todavía estaban manteniendo el calendario Hebreo, y esto fue incluso muchos años después de la ascensión de Yeshúa.

Ma'asei (Hechos) 20: 6
6 Y navegamos después de los Días de los Panes sin Levadura [es decir, Pesaj].

Numerosas referencias también nos dicen que los apóstoles siguieron observando la fiesta de Pentecostés o Shavuot.

Qorintim Alef (1 Corintios) 16: 8
8 Pero permaneceré en Éfeso hasta Pentecostés.

Este era Pentecostés en el calendario Hebreo, porque Shaul se apresuraba a observar esta fiesta en Jerusalem (en lugar de en Roma).

Ma'asei (Hechos) 20:16
16 Porque Shaul había decidido pasar de largo a Éfeso, para no detenerse en Asia, pues se apresuraba para estar, si les era posible, en Jerusalem el día de Pentecostés.

Los apóstoles también guardaron el Día de la Expiación (Yom Kippur) en Hechos 27:9. Aquí se le llama "el Ayuno", porque los Judíos tradicionalmente lo observan ayunando.

Ma'asei (Hechos) 27: 9
9 Y había pasado mucho tiempo, y el viaje ya era peligroso porque "el Ayuno" ya había pasado....

A pesar de que la palabra "el Ayuno" se traduce perfectamente del griego al inglés, uno puede perderse fácilmente el hecho de que los apóstoles todavía estaban usando el calendario Hebreo, si uno no se da cuenta de que los apóstoles estaban escribiendo en lengua vernácula (o sea, en lenguaje de uso Judío).

No está bien cambiar un calendario como este, porque el calendario es parte de la Torah, y Yeshúa dijo que no pensáramos que había venido a destruir la Torah o los Profetas.

Mattityahu (Mateo) 5: 17-19
17 No piensen que he venido a destruir la Torah o los Profetas, no he venido a destruir, sino [solo] a cumplir.
18 Porque en verdad les digo que hasta que el cielo y la tierra pasen, ni una jota, ni una tilde pasarán de la Torah, hasta que todo se cumpla.
19 Cualquiera, pues, que rompa uno de los mandamientos más pequeños, y así enseñe a los hombres, será llamado pequeño en el Reino de los

Cielos; pero el que los cumpla y así enseñe, será llamado grande en el reino de los cielos"

Sin embargo, a pesar de que Yeshúa dijo claramente que no pensáramos que Él vino a destruir la Torah o los Profetas, muchos creen que Él hizo precisamente eso. Ellos dicen que, debido a que Yeshúa guardó perfectamente las fiestas, Él *cumplió* las fiestas, y por lo tanto las fiestas llegaron a su fin por esto. Pero si encuentras que tu matrimonio se cumplió porque amas a tu cónyuge e hiciste lo que le agrada, ¿significa esto que ahora se acabó tu matrimonio? Eso ni siquiera tiene sentido.

Hay otros problemas con la versión Cristiana. En Lucas 4:18, Yeshúa se paró en la sinagoga y dijo que había venido a cumplir la primera parte de las profecías de Isaías 61.

Luqa (Lucas) 4:16-19
16 Y vino a Nazaret, donde había sido criado. Y como era Su costumbre, entró en la sinagoga el día Shabat, y se puso de pie para leer.
17 Y le fue entregado el libro del profeta Yeshayahu (Isaías). Y cuando abrió el libro, halló el lugar donde estaba escrito:
18 El Espíritu de Yahweh está sobre Mí, porque Me ha ungido para predicar la buena noticia a los pobres, y Me ha enviado para sanar a los quebrantados de corazón, para proclamar libertad a los cautivos y recuperación de la vista a los ciegos. Libertad a los oprimidos, y
19 "para proclamar el año aceptable de Yahweh..."

Sin embargo, se detuvo antes de decir que había venido a cumplir el "día de la venganza". La parte que aún no ha sido cumplida está en Isaías 61:2.

Yeshayahu (Isaías) 61:2
2 y el Día de Venganza de nuestro Elohim.

Así que, si Yeshúa vino a cumplir la primera parte de Isaías 60-61, ¿acaso nunca cumplirá la segunda parte? Además, ¿qué pasa con el resto de las profecías, y la Torah?

La Torah y los Profetas hablan del regreso de Yeshúa, pero si la Torah y los Profetas están ahora anulados (como dicen los Cristianos), entonces ¿porqué que razón regresaría Él por Su novia?

Si los Cristianos tuvieran la razón, y la Torah y los Profetas realmente fueron anulados, entonces ¿por qué Shaul nos diría que las fiestas de Yahweh son sombras proféticas de las cosas por venir? Eso es lo que dice Colosenses 2: 16-17, aunque la mayoría de la gente no se da cuenta a causa de uno de los errores que se ven en la mayoría de las traducciones. Por ejemplo, la KJV agrega dos palabras (*días*, y *es*) en cursiva (Que también se ven en la Biblia Reina-Valera en español):

Colosenses 2: 16-17, KJV
16 Por tanto, nadie los juzgue en carne, ni en bebida, ni en día santo, ni por lunas nuevas, ni por *días* de Shabat;
17 Que son sombra de lo que ha de venir; Pero el cuerpo *es* de Cristo.

Con la adición de estas dos palabras en cursiva, la KJV hace que parezca que nunca debemos dejar que un hermano nos juzgue de acuerdo a lo que comemos o bebamos, o qué días de adoración guardamos. Se hace notar que no importa si guardamos los mismos días de adoración que los apóstoles, o si guardamos el domingo, la Pascua, la Navidad, el Ramadán o el Año

Nuevo chino, porque (después de todo) el cuerpo _es_ del Mesías. Sin embargo, la Escritura nos dice que no debemos añadir o quitar de Sus palabras, y que, si cambiamos Sus palabras, entonces no estamos obedeciendo Sus mandamientos, sino los nuestros. Por ejemplo:

Devarim (Deuteronomio) 4: 2
2 No añadirás a la palabra que Yo te ordeno, ni sacarás de ella, para guardar los mandamientos de Yahweh tú Elohim, que Yo te mando.

Puesto que no debemos añadir a Su palabra, saquemos las palabras "_días_" y "_es_", y veamos qué diferencia hace en el texto. Aquí está el mismo pasaje con esas dos palabras omitidas.

Colosenses 2: 16-17 (KJV, sin añadiduras)
16 Por tanto, nadie los juzgue por carne, ni por bebida, ni por día santo, ni por luna nueva, ni por Shabat;
17 Que son una sombra de las cosas por venir; pero el Cuerpo de Cristo.

Si leemos este pasaje de cerca, veremos que hay tres ideas principales mencionadas aquí (1-2-3):

1. Por tanto, nadie los juzgue en carne, ni en bebida, ni en día santo, ni en lunas nuevas, ni en Shabat,
2. que son una sombra [profética] de las cosas [todavía] por venir
3. sino el Cuerpo del Mesías.

Si reorganizamos las cláusulas para hacer que se lea mejor (3-1-2), encontramos que Shaul realmente dijo que dejáramos que solo el cuerpo del Mesías nos juzgue en carne, bebida o con respecto a Shabat o en días de fiesta, porque las fiestas son sombras proféticas de cosas por venir.

Qolossim (Colosenses) 2: 16-17 (Reordenado)
16 Que solo el Cuerpo del Mesías los juzgue en carne, o en bebida, o en días santos, o en las lunas nuevas, o en el día Shabat; Porque [aún hoy] las fiestas son sombras de las cosas por venir.

En lugar de decirnos que las fiestas ya no importan (y que podemos hacer lo que queramos), Shaul está diciendo que debemos guardar el Shabat, las fiestas y los días de la luna nueva, porque son sombras proféticas de eventos futuros. Este significado no se refleja en absoluto en la Nueva Versión Internacional (NVI), que dice:

Colosenses 2: 16-17, NVI
16 Así que nadie los juzgue a ustedes por lo que comen o beben, o con respecto a días de fiesta religiosa, de luna nueva o de reposo.
17 Todo esto es una sombra de las cosas que están por venir; la realidad se halla en Cristo.

La NVI dice que estas sombras proféticas de sucesos futuros son irrelevantes ahora porque eran sólo sombras de cosas que "iban a venir". Parece sugerir que la venida del Mesías terminó con todas estas cosas, por tanto, mientras creamos que Yeshúa es el Mesías, no hace ninguna diferencia lo que comemos o bebemos, o qué días de adoración decidimos guardar (si es que hay algún otro). Pero ¿qué sentido tiene este pensamiento? Si observamos, los apóstoles tenían que estar en Jerusalem durante la fiesta del Pentecostés en el tiempo señalado, para que pudiesen recibir el derramamiento del Espíritu Apartado (Santo).

Ma'asei (Hechos) 2: 1-2

1 Y en el cumplimiento del Día de Pentecostés, ellos [los fieles] estaban todos con una sola mente, en un solo lugar.

2 Y de repente vino un sonido del cielo, como de un viento impetuoso, y llenó toda la casa donde estaban sentados.

Los teólogos Cristianos dicen que la Torah y los Profetas no fueron abolidos inmediatamente. Dicen que la muerte de Yeshúa inició un período de transición de 300-400 años en el cual los padres de la iglesia tenían el permiso de Yahweh para hacer cualquier cambio que quisieran a la fe, cosa que Yahweh nunca había profetizado y que está en completa contradicción con la Escritura.

Amós 3: 7

7 Y Yahweh Elohim no hace nada, a menos que revele Su secreto a Sus siervos los profetas.

Las profecías no dicen nada acerca de que Yahweh cambiaría los días festivos, por esta razón los apóstoles aún los guardaban. Ellos sabían que los días de fiesta eran sombras proféticas de cosas por venir. Por ejemplo, cuando el Espíritu fue derramado en Hechos 2, esto fue un cumplimiento profético de la entrega de la Torah en el Monte Sinaí, y así como Shaul escribió Colosenses 2: 16-17, después del derramamiento del Espíritu en Hechos 2, sabemos que también habrá otros cumplimientos proféticos.

Mientras que algunas profecías se cumplen sólo una vez (como el nacimiento de Yeshúa), otras pueden tener múltiples cumplimientos. Este patrón de cumplimientos repetidos se ve fácilmente en el ejemplo de la "Fiesta de los Sukkot", también llamada la Fiesta de las Cabañas, o Tabernáculos. Esto se cumplió cuando los Israelitas moraron en tabernáculos (o cabañas) en el desierto de Sinaí, y luego se cumplió de nuevo cuando Yeshúa nació. Aunque los Cristianos nos dicen que Yeshúa nació el 25 de diciembre, la verdad es que nació el primer día de la fiesta de los Tabernáculos, por esto Juan nos dice:

Yojanán (Juan) 1:14
14 Y el Verbo se hizo carne, y habitó (o Tabernaculizó) entre nosotros.

En otras versiones se lee: "y puso Su tienda entre nosotros", que da esencialmente el mismo significado.

El Cristianismo enseña que Yeshúa nació en un pesebre un 25 de diciembre, con burros, caballos y testigos. Afirman que fue envuelto y puesto en una cuna de paja. Por más romántica que suene esta versión, esto está lejos de ser la verdad. Dado que el Cristianismo no valora la lengua Hebrea, la mayoría de los Cristianos no se dan cuenta de que, en Hebreo, la palabra para "pesebre" es la misma la palabra que para un tabernáculo, cabaña o habitación. De esta forma, el relato del nacimiento de Yeshúa nos dice que Él fue puesto en un tabernáculo.

Luqa (Lucas) 2: 7
7 Y ella dio a luz a su Hijo primogénito, y lo envolvió en pañales, y lo puso en un tabernáculo, porque no había lugar para ellos en la posada.

Los padres de Yeshúa habían subido a Jerusalem para la fiesta de peregrinación, según el mandamiento.

Vayiqra (Levítico) 23: 41-43

41 Y celebrarás fiesta a Yahweh, por siete días al año. Será un estatuto perpetuo por todas tus generaciones. La celebrarás en el séptimo mes.

42 Durante siete días habitarás en tabernáculos. Todos los que son Israelitas nativos habitarán en tabernáculos,

43 para que tus generaciones sepan que he hecho que los hijos de Israel habitaran en tabernáculos, cuando los saqué de la tierra de Egipto. Yo Yahweh tu Elohim.

La intención de Yosef (José) y Miriam (María) originalmente era permanecer en una posada (mesón). El reglamento Rabínico en ese tiempo era igual que lo es hoy: cualquier persona embarazada, vieja o enferma no tenía que dormir necesariamente en un tabernáculo. Por el contrario, por razones de salud y seguridad podrían alquilar una habitación en una posada. Sin embargo, Lucas 2:7 nos dice que no quedaban habitaciones en la posada, por lo cual Yosef y Miriam tuvieron que morar en un tabernáculo (cabaña/pesebre). Todo esto sucedió para que Yeshúa pudiera nacer en un tabernáculo el primer día de la Fiesta de los Tabernáculos, en cumplimiento profético del mandamiento.

Mientras la iglesia Cristiana nos dice que las fiestas han sido desechadas y que nunca habrá otro cumplimiento de la Fiesta de los Tabernáculos, la Escritura muestra que esta afirmación cristiana es una mentira. Hay por lo menos dos cumplimientos proféticos de la Fiesta de los Tabernáculos por venir.

Zekaryah (Zacarías) 14: 16-17

16 Y será que todos los que queden de todas las naciones que subieron contra Jerusalem, subirán

de año en año para adorar al Rey, Yahweh de los ejércitos; Y para celebrar la Fiesta de los Tabernáculos.

17 Y será que cualquiera de las familias de la tierra que no suba para adorar al Rey, Yahweh de los ejércitos, no habrá lluvia sobre ellos.

Un cuarto cumplimiento también está profetizado en Apocalipsis.

Hitgalut (Apocalipsis) 21: 3
3 Y oí una gran voz desde el cielo, diciendo: He aquí el tabernáculo de Elohim está con los hombres. Y él tabernaculizará con ellos, y ellos serán Su pueblo, y Elohim mismo será su Elohim.

En contraste, la iglesia Cristiana nos dice que "Jesús" nació el 25 de diciembre. Sin embargo, este es un día de la fiesta Romana pagana llamada "Saturnalia", que tiene lugar cuatro días después del solsticio de invierno, en honor del renacimiento del sol (Sol invictus mitra o también Saturno). Los dioses Saturno y Júpiter son nombres alternativos para Lucifer, así que el 25 de diciembre es esencialmente el cumpleaños disfrazado de Satanás.

La Iglesia Romana renombró a Saturnalia en honor del Mesías, pero Yahweh nos advierte que no debemos honrarlo de la manera en que los paganos adoran a sus dioses, y que no añadamos o quitemos nada del pacto que Él nos dio.

Devarim (Deuteronomio) 12: 30-32
30 Guárdate de no tropezar yendo en pos de ellos, y no preguntes sobre sus dioses, diciendo: ¿Cómo sirvieron estas naciones a sus dioses para yo también hacer lo mismo?

31 No adorarás a Yahweh tú Elohim de esa manera; Porque toda abominación que Yahweh aborrece, han hecho a sus dioses; Porque aún a sus hijos e hijas queman en el fuego a sus dioses.
32 Cuidaras de hacer todo lo que Yo te mando, no le añadirás ni le quitarás.

Si los apóstoles hubieran guardado la Navidad el 25 de diciembre, habría sido registrado en Hechos. Sin embargo, la palabra *Navidad* no se encuentra en ninguna parte de la Escritura. Además, diciembre no es parte del calendario Hebreo, así que ¿por qué los apóstoles habrían de guardar una fiesta pagana?

Yeshúa nos dice que Él fue a preparar un lugar para Su novia en la casa de Su Padre.

Yojanán (Juan) 14: 2-3
2 "En la casa de Mi Padre hay muchas moradas; Si no fuera así, les hubiera dicho: "Voy a preparar un lugar para ustedes".
3 Y si voy y les preparo un lugar, vendré otra vez y los recibiré a mí mismo; Para que donde Yo este, allí estén ustedes también".

Yeshúa es un buen hijo, y Él quiere honrar a su Padre en todo, entonces ¿por qué razón consideraría tomar a una esposa *Cristiana* que "dice" adorarlo, y esto en días de fiesta paganos que Su Padre prohibió guardar, cuando ciertamente hay doncellas Nazarenas quiénes "*si* guardan" los mandamientos de su Padre, y lo adoran en los días que Él ordeno, con las cuales podría casarse?

[Para mas información, por favor consulta el estudio *El Calendario de la Torah*]

La Iglesia: Pavimentando el Camino

La relación entre la iglesia Cristiana e Israel Nazareno es compleja. Más adelante en este libro mostraremos que la iglesia Cristiana cumple con las profecías sobre el Misterio de Babilonia, que también es descrita como la *ramera* (Apocalipsis 17). Ella es una ramera porque no mantiene el pacto matrimonial (la Torah).

En la Escritura, muchas cosas son como una "espada de doble filo" que corta en ambos lados. Por un lado, los Cristianos son Su pueblo, y, por otro, los Cristianos no son Su pueblo (al menos hablando en el sentido más pleno). Se necesita un poco de madurez espiritual para ver a los Cristianos por lo que son y amarlos, en vez de condenarlos, porque es sólo cuando amamos a alguien (sean Cristianos, Judíos, o nuestros primos Islámicos o personas seculares) que en última instancia podemos acercarlos a la verdad.

Yeshúa le dijo a la mujer en el pozo que los "verdaderos" adoradores deben adorar a Su Padre no sólo en Espíritu, sino también en verdad. Este es un principio increíblemente importante.

Yojanán (Juan) 4: 21-24
21 Y Yeshúa le dijo: Mujer, créeme, vendrá la hora en que ni en este monte ni en Jerusalem adorarán al Padre.
22 Ustedes [los samaritanos] adoran lo que no saben; Nosotros sabemos lo que adoramos, porque la salvación [literalmente: Yeshúa] viene de los Judíos.
23 Pero la hora viene, y ahora es, cuando los verdaderos adoradores adorarán al Padre en

espíritu y en verdad; Porque el Padre busca que tales personas le adoren.
24 Elohim es Espíritu, y los que le adoran deben adorar en espíritu y en verdad".

Cuando Yeshúa habló de la verdad, Él probablemente hablaba de la definición Escritural (que es la Torah).

Tehilim (Salmos) 119: 142
142 Tu justicia es justicia eterna, y Tu Torah es la verdad.

Para ser verdaderos adoradores, necesitamos adorar al Padre tanto en el Espíritu como en la Torah. Si no adoramos tanto en el Espíritu como en la Torah, entonces estamos en el camino amplio y fácil que conduce a la destrucción.

Mattityahu (Mateo) 7: 13-14
13 "Entren por la puerta estrecha; porque ancha es la puerta y espacioso es el camino que conduce a la destrucción, y hay muchos que entran por ella.
14 Pero estrecha es la puerta y tribulación es el camino que lleva a la vida, y son pocos los que la encuentran".

Es absolutamente esencial escuchar la voz del Espíritu momento a momento, y caminar de acuerdo a esto. Sin embargo, sólo siete versículos más tarde (en el mismo contexto general), Yeshúa nos advierte que habrá un gran grupo de personas que lo llaman "Señor" que no entrará en el reino de los cielos.

Mattityahu (Mateo) 7: 21-23
21 No todo el que me dice: ¡Señor, Señor!, entrará en el reino de los cielos, sino el que hace la voluntad de Mi Padre que está en los cielos.

22 Muchos me dirán en aquel día: ¡Señor, Señor!, ¿no hemos profetizado en Tu nombre, echado fuera demonios en Tu nombre, y hecho muchas maravillas en Tu nombre? 23 Y les declararé: Nunca los conocí; ¡Apártense de Mí, ustedes que practican iniquidad [sin-Torah]!".

Esto puede ser difícil de aceptar para algunos, pero los Cristianos son el único grupo de personas que se ajusta a esta lista de criterios, ya que ellos son el único grupo que:

1. Son muchos.
2. Lo Llaman Señor.
3. Profetiza en Su nombre.
4. Expulsa demonios en Su nombre.
5. Hacen muchas obras de poder en Su nombre.
6. Practican iniquidad (no guardan la Torah).

Lo que Yeshúa está diciendo aquí es que; aun si profetizamos en Su nombre, echamos fuera demonios en Su nombre, y hacemos muchas obras poderosas en Su nombre, si practicamos la iniquidad/maldad (es decir, no intentamos guardar la Torah), iremos a la destrucción, porque no estamos tratando de mantener Su pacto matrimonial.

Pero ¿por qué Yeshúa rechazaría a los Cristianos, cuando ellos son, en gran parte, responsables de difundir la Buena Nueva de Él a los cuatro rincones de la tierra? Como veremos en los próximos capítulos, la cristiandad es sólo un paso intermedio en el gran plan de salvación de varios pasos para toda la humanidad. Fue un paso muy importante, pero todavía un paso. Si tomamos uno o dos pasos en un largo viaje y luego nos detenemos, nunca completaremos el viaje, o, en este caso, nunca completaremos la transformación espiritual. Dejaremos de aprender a adorar al Padre tanto en Espíritu como en Verdad (Torah). Eso significa que perderemos la meta.

Si decimos que permanecemos en Yeshúa, entonces necesitamos caminar de la forma en que lo hizo Yeshúa.

Yojanán Alef (1 Juan) 2: 6
6 El que dice que permanece en Él, también debe andar como Él anduvo.

Ninguno de nosotros será perfecto como lo fue Yeshúa mientras caminaba en la tierra, pero es esencial que lo intentemos. Debemos intentar mantener el pacto marital, caminando con tanto amor por Él como nos sea posible. Es esencial caminar en el Espíritu, pero también es esencial que guardemos la verdad/Torah.

La fe Nazarena se extendió más rápidamente dentro de la tierra de Israel que el cristianismo, porque los Judíos en la tierra entendían que la Torah es un pacto matrimonial. Los Nazarenos en la tierra eran "celosos de la Torah", así como Yaakov (Santiago) también lo dijo.

Ma'asei (Hechos) 21:20
20 Y al oír esto, glorificaron a Yahweh. Y le dijeron: Hermano, ve cuántas miríadas de Judíos hay que han creído, y todos son celosos por la Torah.

Fuera de la tierra de Israel, sin embargo, es otra la historia. Los Judíos Helenizados no eran celosos por la Torah, y los gentiles no entendían que la Torah es una alianza nupcial; Así que fue mucho más fácil para los Judíos y gentiles Helenizados aceptar el Cristianismo sin-ley, ya que prometió las mismas recompensas eternas, pero con menos trabajo.

Aunque el Cristianismo sin Torah no es la fe original, cumple una función importante. Hace que sea más fácil para los gentiles aceptar la fe en un Mesías Judío, aunque no entiendan la necesidad de guardar Su pacto. El Cristianismo es, por lo tanto, un vehículo imperfecto que puede llevar a los gentiles a relacionarse con Yeshúa. Incluso si la relación no es perfecta, los acerca a Él más que antes.

Es esencial que entendamos este principio de acercar a las personas, o de alejarlas. Cuando algo acerca a las personas a Yeshúa, incluso de una manera imperfecta, lo toleramos, porque al final los acerca a nuestro Esposo.

> Marqaus (Marcos) 9: 38-40
> 38 Yojanán (Juan) le respondió: "Maestro, vimos a alguien que no nos sigue expulsando demonios en Tu nombre, y se lo prohibimos, porque no nos sigue".
> 39 Mas Yeshúa dijo: No se lo prohíban, porque nadie que haga milagros en Mi nombre, puede luego hablar mal de Mí.
> 40 Porque el que no está contra nosotros está de nuestro lado.

A la vez, cuando alguien (por lo general un líder o un maestro) aleja a las personas de Yeshúa, tenemos que tener en cuenta que estos no son nuestros amigos.

> Luqa (Lucas) 11:23
> 23 El que no está conmigo está contra Mí, y el que no recoge conmigo, desparrama.

Esta es la razón por la que es más fácil amar a los Cristianos sin Torah (que son engañados) que a amar a los líderes y maestros Cristianos sin Torah (que están engañando). A pesar de que los líderes y maestros Cristianos también han sido engañados, las Escrituras son mucho más estrictos con ellos.

Yaakov (Santiago) 3: 1
3 Hermanos míos, no sean muchos de ustedes maestros, sabiendo que recibiremos un juicio más estricto.

Después de que los Romanos exiliaron a los Judíos de la tierra de Israel, para los Nazarenos fue un tiempo mucho más difícil. La gente generalmente sigue el principio del menor esfuerzo, por esto la fe Cristiana sin-Torah fue mucho más atractiva para los gentiles y los Jjudíos Helenizados, porque prometió la misma recompensa con menos esfuerzo. Por esto, el Cristianismo se fortaleció, y la fe Nazarena comenzó a menguar.

A medida que el Cristianismo comenzó a crecer, entraron en juego otras fuerzas que lo modificaron. En el siguiente capítulo veremos cómo el emperador Romano Constantino, tomó el Cristianismo sin-Torah, y lo combinó con el culto al sol Romano de entonces para formar la Iglesia Católica (Universal), que era, y aún hoy lo es, otro vehículo de transición para volver, finalmente, a la fe original.

El Papado Como Un Anti-Mesías

Debido a que nuestros hermanos Judíos entendían que la Torah era su contrato nupcial, no estaban dispuestos a aceptar la premisa del Cristianismo de que era posible agradar a Yahweh sin la Torah. Esa es también la razón por la cual, cuando Shaul (Pablo) subió a Jerusalem en Hechos 21, Yaakov (Santiago) pudo señalar cuántos creyentes había en Jerusalem que seguían siendo celosos de la Torah.

Ma'asei (Hechos) 21:20
20 Y al oír esto, glorificaron a Yahweh. Y le dijeron: "Mira hermano, cuántas miríadas de Judíos hay que han creído, y todos son celosos de la Torah [de Moshé]".

Fuera de la tierra de Israel, sin embargo, era una historia distinta. Ni los Judíos Helenizados, ni los gentiles, entendían que la Torah era una alianza nupcial, por lo tanto, fue fácil para ellos aceptar la versión Cristiana sin-Torah, ya que prometió las mismas recompensas con menos esfuerzo. Esta variación cristiana sin-Torah se extendió rápidamente fuera de la tierra de Israel, adoptando prácticas paganas de adoración al sol, rituales religiosos paganos e ídolos. Para el año 150 d.C., el culto dominical estaba bien establecido, como lo demuestra el testimonio de Justino Mártir.

Pero el domingo es el día en que todos celebramos nuestra asamblea común, porque es el primer día en que Dios, habiendo operado un cambio en las tinieblas y la materia, hizo el mundo; Y Jesucristo nuestro Salvador en el mismo día resucitó de entre los muertos. Porque fue crucificado el día anterior al de Saturno (sábado);

73

Y al día siguiente de Saturno, que es el día del Sol, habiendo aparecido a Sus apóstoles y discípulos, Él les enseñó estas cosas, las cuales también hemos sometido a vuestra consideración. [Justino Mártir, Primera Apología, Capítulo 67 - Culto semanal de los Cristianos, alrededor del 150 d.c., Biblesoft]

Roma controlaba el Medio Oriente en los años posteriores a la muerte de Yeshúa ("Jesús"), y la religión oficial Romana era el Mitraísmo. En el Mitraísmo, se pensaba que el dios sol (Ra) asistía personalmente al emperador Romano, dándole un poder y prestigio sin precedentes. Cada vez que un ciudadano Romano llegaba a creer en el Mesías, ya no veía al emperador como un semidios, lo que debilitaba su poder y prestigio. Por esta razón los emperadores Romanos odiaban a los Nazarenos y a los Cristianos, y los perseguían hasta la muerte. Sin embargo, cuantos más Cristianos y Nazarenos eran asesinados, más ciudadanos Romanos tomaban conciencia del Mesías y se convertían a la Cristiandad y en Israelitas Nazarenos.

Luego, en el siglo IV, todo cambió. La historia nos dice que, en el año 312, el emperador Romano Constantino estaba en la arboleda del llamado "dios del sol Apolo" (es decir, Lucifer), en la antigua Francia, afirmó haber tenido una visión en la que "Cristo" se le apareció, diciéndole que escribiera las primeras dos letras de su nombre (XP) sobre los escudos de sus tropas. Esto lo hizo al día siguiente, Constantino afirmó haber visto una superpuesta cruz sobre el sol, momento en el que se le dio el mensaje "In hoc signo vinces" ("En este signo serás victorioso"), tras lo cual pasó a ganar muchas batallas [Nota: la cruz es un antiguo signo de Tamuz, otro dios del sol, es decir, otra forma de llamar a Lucifer]

Algunos eruditos creen que Constantino nunca se convirtió realmente al Cristianismo (al menos no al principio). Más bien, ellos creen que puede haberse convertido por razones políticas. En el momento de la conversión de Constantino, su imperio era medio Cristiano. La otra mitad adoraba al Sol Invictus Mith-Ra (el invencible dios del sol). ¿Es posible que, Constantino razonara que, si pretendía ser un Cristiano, y aún seguir adorado en los días paganos de adoración, podría ser capaz de unificar su imperio?

Sin embargo, consideremos una hipótesis alternativa. Anteriormente vimos cómo los Cristianos creen que está bien adorar en cualquier día que ellos quieran. Si Constantino creía que podía guardar cualquier fiesta que quisiera, no tendría ningún problema para adorar en los días del festival de culto al sol. Y no vería problema alguno en fusionar los ritos de adoración del sol con el Cristianismo sin-Torah, siempre y cuando esto unificara a su imperio.

El año después de la conversión de Constantino (en 312 d.C.), él y su entonces co-emperador Licinio emitieron el Edicto de Milán, que terminó técnicamente la persecución de los Cristianos dentro del Imperio Romano. Constantino luego continuó consolidando su dominio de poder en todo el Imperio Romano, y en 324 reinaba con supremacía. Al año siguiente (325) convocó el Concilio de Nicea (o Niza), en el que el Mitraísmo y el Cristianismo se fusionaron definitivamente para formar la ahora nueva "fe Católica" (Universal). Los Cristianos estaban contentos, ya que no les importaban cuales días de adoración guardar, y también satisfacía a los adoradores del sol, ya que podían continuar adorando a los mismos ídolos en los mismos días festivos que antes (sólo que ahora con nuevos nombres Cristianizados).

Constantino le dio a su nueva fe universal (Católica) once años para ser aceptada antes de que él prohibiera todas las otras versiones de la fe en Yeshúa, incluyendo la fe Nazarena. Como vimos en el primer capítulo, los Nazarenos ahora fueron etiquetados como "herejes" por guardar la misma Torah, Shabat y las fiestas que Yeshúa y Sus apóstoles habían guardado tres siglos antes.

"Los Nazarenos no difieren en nada esencial de ellos [los Judíos Ortodoxos], ya que practican las costumbres y doctrinas prescritas por la ley Judía; Excepto que creen en Cristo. Ellos creen en la resurrección de los muertos, y que el universo fue creado por Dios. Ellos predican que Dios es Uno, y que Jesucristo es Su Hijo. Son muy doctos en la lengua Hebrea. Ellos leen la Ley [la Ley de Moisés] .... Por lo tanto, difieren ... de los Cristianos verdaderos porque satisfacen hasta ahora [tales] ritos Judíos como la circuncisión, el Shabat y otros".
[Epifanio de Salamina, "Contra las Herejías", Panarion 29, 7, pp. 41, 402]

En el Concilio de Laodicea (336 d.C.), Constantino dictaminó que si alguien fuera encontrado "Judaizando" (es decir, manteniendo la fe Nazarena original), debería ser "excluido [del cuerpo] de Cristo".

Los Cristianos no deben Judaizar descansando en el Sábado; Pero deben trabajar ese día, honrando más bien el día del Señor [el domingo] descansando, si es posible, como Cristianos. Sin embargo, si alguno [Nazareno] se encuentra Judaizando, sean excluidos de Cristo.
[La Iglesia de Roma; Consejo de Laodicea bajo el emperador Constantino; Canon 29, 336 d.C.].

Esta frase también puede traducirse como *"que sean anatemas de Cristo"*, lo que significaba que estaba bien matarlos por no guardar el nuevo culto mixto. Puesto que la historia se repite, y puesto que la religión mundial que viene se formará alrededor del papado, podemos esperar ver este patrón nuevamente.

Entonces, ¿Quién es el Papa? En 2 Tesalonicenses, Shaul advirtió que un "hombre de pecado" venidero se sentaría en un templo venidero, fingiendo ser él mismo Elohim.

> Thessaloniqim Bet (2 Tesalonicenses) 2: 3-4
> 3 Que nadie los engañe de ninguna manera, porque ese día no vendrá a menos que primero venga la caída, y el hombre de pecado sea revelado, el hijo de perdición,
> 4 que se opone y se exalta a sí mismo sobre todo lo que se llama Elohim, o es objeto de adoración, porque él mismo se sienta en el templo de Elohim como Elohim, mostrándose a sí mismo como si fuera Elohim.

1 Juan 3: 4 nos dice que el pecado es la transgresión de la ley. Por lo tanto, el hombre de pecado en el versículo 3, bien podría ser llamado el hombre sin ley/inicuo (contra la Torah) ¿y quién ha hecho más para enseñar contra la Torah que el Papa?

> Thessaloniqim Bet (2 Tesalonicenses) 2: 7-8
> 7 Porque el misterio de la iniquidad ya está en acción; Sólo que él está reteniéndose ahora, hasta que salga del medio;
> 8 Y entonces se revelará el inicuo, al cual Yahweh consumirá con el espíritu de Su boca, y destruirá con el resplandor de Su venida.

Cuando Shaul profetizó esto en el primer siglo, el hombre sin-ley/sin-Torah, aún no había sido revelado (porqué esta profecía era para el tiempo futuro). Sin embargo, hoy el *sin-ley* ha estado en el poder durante unos 1.700 años. Él es el "cuerno pequeño" de Daniel 7, que tiene ojos y una boca, habla palabras pomposas, y hace guerra contra los santos, cuya apariencia es mayor que sus compañeros.

Daniel 7: 19-21
19 Entonces quise saber la verdad acerca de la cuarta bestia, que era diferente de todas las demás, terriblemente espantosa, con sus dientes de hierro y sus uñas de bronce, que devoraba, rompía en trozos y pisoteaba el residuo con sus pies;
20 Y los diez cuernos que estaban sobre su cabeza, y el otro cuerno que subía, delante del cual caían tres, aquel cuerno que tenía ojos y una boca que hablaba palabras pomposas, cuya apariencia era más grande que sus compañeros.
21 Yo estaba observando; Y el mismo cuerno hacía guerra contra los santos, y prevalecía contra ellos".

El Papa se sienta en un tipo de templo, mostrándose como Elohim, y ha intentado cambiar los tiempos de las fiestas designadas y la Torah (e intentará hacerlo de nuevo).

Daniel 7:25
25 Y él [el Papa] pronunciará palabras en contra [es decir, contrario a las palabras] del Altísimo; Y consumirá a los santos del Altísimo; Él tiene la intención de cambiar los tiempos [de las fiestas] y la Torah. Y [los santos] serán entregados en su mano por un tiempo, y tiempos, y medio tiempo".

El término "tiempo, tiempos y medio tiempo" corresponde a tres años y medio proféticos. El año civil Hebreo es de 360 días. Cuando uno multiplica estos 360 días por los tres años y medio proféticos, uno obtiene 1.260 días proféticos. Pero ¿cómo podemos interpretar esto? Ezequiel 4 nos dice que un día profético puede igualar un año de la tierra.

Yehezqel (Ezequiel) 4: 6
6 "Y cuando los hayas completado, vuelve a acostarte sobre tu lado derecho; Entonces llevarás el castigo de la casa de Judah cuarenta días. Te he puesto un día por cada año.

Si los 1.260 días proféticos corresponden a 1.260 años terrestres, entonces la referencia a que los santos serían entregados en la mano del papado por "tiempo, y tiempos, y medio tiempo" se refiere a un período de tiempo de alrededor de 1.260 años. Esto no tiene que cumplirse al pie de la letra, sino más bien, es una ventana de tiempo profética que se extiende desde la formación del dogma de la Iglesia Romana (finales del siglo III) hasta la Reforma Protestante en 1519 d.C. También corresponde al lapso de 1.260 años entre el establecimiento de la doctrina Católica (cerca del 325-330 d.C.) y el hundimiento de la Armada Española (Católica) por la Marina Protestante Inglesa en 1588 d.C. Las fechas no tienen que ser exactas, porque se refieren a movimientos del Espíritu.

También necesitamos entender que el término griego "anti" no significa "en contra". Más bien, significa "en lugar de" o "en cambio de". Un anti-Mesías, por lo tanto, no es un hombre que lucha contra el Mesías, sino un hombre que pretende ser el Mesías. Curiosamente, uno de los títulos del Papa es "Vicarius Filii Dei", que significa "Hijo de la Deidad", o "en lugar del Hijo de la

Deidad". Este título proviene de un documento llamado Donación de Constantino, que concedió al Papa la autoridad sobre el lado occidental del Imperio Romano. A pesar de que posteriormente se demostró que el documento fue falsificado, muchos católicos todavía se refieren al Papa como el Vicario de Cristo (es decir, el que representa al Mesías). Este título tiene significado adicional cuando nos damos cuenta de que el latín asigna valores numéricos a sus letras, y cuando se suman los valores numéricos de las letras de *Filial Vicario Dei*, se obtiene un valor numérico de 666, que Apocalipsis nos dice es el número de la bestia.

Hitgalut (Apocalipsis) 13:18
18 "Aquí está la sabiduría: Que el que tiene entendimiento cuente el número de la bestia, porque es el número de un hombre, y su número es 666".

En "*Apocalipsis y el Fin de los Tiempos*" mostramos cómo el Islam también cumple esta profecía, y cómo el Islam trabaja en conjunto con el papado. Sin embargo, el papado llegó primero, y por lo tanto tiene el papel de líder.

En Daniel 7:25 (arriba) vemos que el Papa intentará cambiar los tiempos de fiesta designados y la Torah. Esto va estrictamente en contra de la Torah, que nos dice que no añadamos o quitemos nada de las palabras de Yahweh.

Devarim (Deuteronomio) 12:32
32 "Todo lo que Yo te mando, ten cuidado de observarlo, no le añadirás ni le quitarás".

El Papa también se llama a sí mismo *"el Santo Padre"*, lo cual Yeshúa prohíbe expresamente, porque ese título pertenece a Su Padre Yahweh.

> Mattityahu (Mateo) 23: 8-9
> 8 Pero ustedes, no sean llamados "Rabí"; porque uno es su maestro: el Mesías; Y todos ustedes son hermanos.
> 9 Y no llamen a nadie en la tierra "Padre", porque uno es su Padre; El que está en el cielo".

Si estamos dispuestos a recibirlo, el papado es simplemente la imagen en el Pacto Renovado (Nuevo Testamento) de la serpiente del Jardín del Edén. El libro de Génesis es considerado profético, y establece el patrón de los eventos que ocurren más tarde. De regreso al Jardín, el adversario se apareció a Java (Eva) y trató de hacerla desobedecer a la voz de Yahweh, diciéndole que no habría consecuencias por la desobediencia.

> Bereshit (Génesis) 3: 1-3
> 1 Y la serpiente era más astuta que cualquier bestia del campo que Yahweh Elohim había hecho. Y él dijo a la mujer: "¿Conque Elohim les dijo que no coman de todos los árboles del huerto?"
> 2 Y la mujer dijo a la serpiente: "Podemos comer del fruto de los árboles del huerto;
> 3 Mas del fruto del árbol que está en medio del huerto, Elohim ha dicho: No coman de él, ni lo toquen, para que no mueran".

El Papa dice esencialmente lo mismo, que podemos ignorar el pacto matrimonial, y todavía heredar la vida eterna.

También dice que no necesitamos obedecer los mandamientos de Elohim, ya que somos capaces de saber por nosotros mismos lo que es bueno y lo que es malo.

Bereshit (Génesis) 3: 4
4 Entonces la serpiente dijo a la mujer: No morirás, 5 porque Elohim sabe que en el día en que comas de él, tus ojos se abrirán, y serás como Elohim, sabiendo el bien y el mal.

Las Dos Casas de Israel

¿Alguna vez te has preguntado por qué Estados Unidos tiene una relación tan especial con Gran Bretaña, y también con Israel? Esto se explica por la Teoría de las Dos Casas. Esta teoría es tan importante que volveremos a ella repetidamente a través del transcurso de este libro.

Génesis es un libro profético. Establece patrones que se repiten a través de la Escritura. Por ejemplo, cuando Adam y Java (Eva) desobedecieron a Yahweh, cayeron de Su favor (gracia) y ya no pudieron vivir en Su tierra. Este era un presagio profético.

Israel tuvo doce hijos, los cuales engendraron a las doce tribus de Israel. Pronto veremos cómo las diez tribus del norte desobedecieron la Torah de Yahweh, y por lo tanto cayeron de Su gracia, y tal como Adam y Java, tuvieron que abandonar Su tierra. Por lo tanto, Yahweh envió a los Asirios a tomar de Su tierra a las diez tribus del norte y dispersarlos en lo que hoy se llama Siria e Irak. Este fue un cumplimiento profético de la profecía.

Las dos tribus del sur (Judah y Benjamín) fueron más obedientes a la Torah, por lo que Yahweh los dejó en la tierra de Israel en el momento de las invasiones de Asiria. Con el tiempo, estas dos tribus restantes llegaron a ser llamadas simplemente como *"Judíos"*. En el primer siglo los Judíos cayeron del favor de Yahweh porque rechazaron a Yeshúa como el Mesías. Por eso Yahweh ya no les permitió vivir en la tierra de Israel, y los Romanos los exiliaron de la tierra. Este fue otro cumplimiento profético.

Las diez tribus exiliadas del norte, eventualmente, se olvidaron de Yahweh y la Torah, y se asimilaron en el pueblo Asirio. Cuando el Imperio Asirio cayó, fue conquistado por varias naciones de distintos lugares y direcciones de la tierra. Los conquistadores del norte y el oeste, del antiguo Imperio Asirio, sin embargo, mostraron comportamientos y características clásicas de Israelitas, y comenzaron a ser militarmente exitosas. También fueron más prósperos, y mostraron mayor innovación tecnológica. Esto sólo puede explicarse en términos espirituales. Veremos más adelante que estas son las bendiciones que Yahweh promete a Su pueblo.

A su vez, cuando los imperios que conquistaron Asiria se desmoronaron, el patrón se repitió. Los imperios hacia el norte y el oeste desarrollaron economías más fuertes, tuvieron mayores innovaciones tecnológicas y tuvieron más destreza militar. Las diez tribus del norte emigraron, por así decirlo, en un proceso espiritual y físico invisible.

Esta migración espiritual invisible continuó a través de los siglos, pero cuando llegó al noroeste de Europa, no quedaban más lugares a donde ir, por lo que las migraciones se detuvieron temporalmente. Siglos después, el noroeste de Europa sufrió la Reforma Protestante. Debido a que los Protestantes comenzaron a buscar el rostro de Yahweh directamente, y comenzaron ellos mismos a leer la palabra de Yahweh, Yahweh bendijo al pueblo Protestante, haciéndolos más ricos y más exitosos tanto en lo militar como en tecnología, llegando a ser más avanzados que el resto de los pueblos de la tierra.

Incluso mientras Yahweh bendecía a los Protestantes europeos, hubo una división espiritual, ya que los separatistas Protestantes decidieron emigrar al Nuevo

Mundo para escapar de la persecución de las iglesias estatales de Europa controladas por el gobierno. Ellos querían adorar a Yahweh de acuerdo con su entendimiento de la Escritura (en lugar de la forma en que sus iglesias estatales les ordenaban). Estados Unidos es una de las naciones donde los fieles de Yahweh fueron a buscar la libertad religiosa en Él, y eventualmente se convertiría en la nación más rica, militarmente exitosa y avanzada tecnológicamente de toda la tierra. Esta fue una bendición que vino de Yahweh.

Tengamos en cuenta que la Teoría de las Dos Casas no favorece a ninguna raza sobre la otra. Simplemente muestra cómo Yahweh usó históricamente a los pueblos europeos para difundir la Buena Noticia de Su Hijo alrededor del mundo. No sugiere ninguna superioridad genética. De hecho, hoy en día el mayor aumento del Protestantismo se está produciendo en Asia y en el hemisferio sur. Con esto vemos que dondequiera que la gente se acerque a Yahweh y a Su Hijo, y busque seguir a Su Espíritu, Yahweh enviará Sus bendiciones (individual o corporativamente).

Necesitamos saber que la Escritura llama a las diez tribus perdidas como *"la casa de Israel"*, o *"la casa de Efraim"*. Si entendemos que estos términos son intercambiables, podemos ver algunas cosas sorprendentes acerca del ministerio del Mesías.

Mattityahu (Mateo) 15:24
24 Pero Él respondió y dijo: "Yo no fui enviado [en este tiempo] sino a las ovejas perdidas de la casa de Israel [las diez tribus perdidas]".

La razón por la cual la mayoría de los Judíos no aceptaron a Yeshúa en su primera venida, fue simplemente porque Él no fue enviado a ellos en ese momento. Más bien, fue enviado a comenzar un largo proceso de reunificación, de varias fases, de las diez tribus perdidas del norte de la casa de Israel.

Yeshúa estableció la Fe Nazarena. Sin embargo, como vimos antes, la contraparte Cristiana sin-ley también estaba activa en los días de Yeshúa, así como en el tiempo de los apóstoles. Esta variación Cristiana de la fe sin-ley adoptó los festivales del culto al sol, y luego el Emperador Romano Constantino mezcló ritos y rituales mitraicos con el Cristianismo para formar la fe Católica (universal). Puesto que la fe Católica exalta a los emperadores y Papas Romanos por sobre sus hermanos, los emperadores y Papas tenían interés en difundir su versión sustituta de las Buenas Nuevas alrededor del mundo. Sin embargo, Yahweh utilizó esto para el bien supremo.

Ya vimos que para la fe Nazarena es difícil extenderse fuera de la tierra de Israel, porque la gente no estaba familiarizada con la idea de que la Torah fuera un pacto matrimonial. Era mucho más fácil para los gentiles aceptar la versión Cristiana de las Buenas Nuevas sin-ley, que aceptar la fe Nazarena obediente a la Torah. La variación Cristiana fue por lo tanto capaz de difundir las Buenas Nuevas de un Mesías Judío en todo el mundo mucho más rápido de lo que la fe Nazarena hubiera sido capaz de hacer, si es que hubiera sido capaz de lograrlo.

Pero, una vez cumplidos los 1,260 años de opresión del papado, tuvo lugar la Reforma Protestante, donde la gente comenzó a prestar más atención a la Escritura, en lugar del Papa. Además, algunos de ellos comenzaron a buscar una relación personal con el Espíritu. Irónicamente, todo este estudio hizo que el cuerpo del

Mesías se fragmentara; Pero como mostraremos más tarde, Yahweh está llamando a un remanente de Su pueblo para que regrese a la fe Israelita Nazarena original, los cuales son guiados por Su Espíritu.

Yeshúa nos dijo que, aunque muchos son llamados, pocos son escogidos.

Mattityahu (Mateo) 22:14
14 Porque muchos son llamados, pero pocos son escogidos.

Las Escrituras nos dicen que, aunque los hijos de la casa de Israel sean como la arena del mar (que no puede ser numerada ni contada), sólo un remanente regresará.

Yeshayahu (Isaías) 10: 22
22 Pues, aunque tu pueblo, Oh Israel, sea como la arena del mar, un remanente de ellos volverá; la destrucción decretada rebosará de justicia.

Si profundizamos más, vemos las raíces de las dos casas en el libro de Génesis. El undécimo hijo de Israel fue llamado Yosef (José), y Yosef tuvo dos hijos (Manasés y Efraim). El padre de Yosef, Israel, dijo que Manasés y Efraim serían considerados como dos tribus separadas (indicando que Yosef tendría una doble porción de herencia).

Bereshit (Génesis) 48: 5
5 Y ahora tus dos hijos, Efraim y Manasés, que te nacieron en la tierra de Egipto antes de que yo viniera a ustedes en Egipto, son míos; Como Rubén y Simeón, ellos serán míos".

Aunque el nombre de la tribu de Yosef fue quitada de las 12, Manasés y Efraim fueron agregados en su lugar, así que, en lugar de haber doce tribus en Israel, ahora había trece. Sin embargo, Leví no es normalmente numerado entre las tribus, porque fue dispersado más tarde entre las tribus, para ministrar a ellos, de modo que reduce el número a doce nuevamente.

Cuando los hermanos de Yosef se enfadaron por los sueños de este, Judah sugirió que lo vendieran como esclavo a Egipto.

> Bereshit (Génesis) 37: 26-27
> 26 Entonces Judah dijo a sus hermanos: ¿Qué beneficio hay si matamos a nuestro hermano y escondemos su sangre?
> 27 Vamos y vendámoslo a los Ismaelitas, y no sea nuestra mano sobre él, porque él es nuestro hermano y nuestra carne. Y sus hermanos obedecieron.

Cuando Yosef estaba en Egipto, fue encarcelado por un adulterio que no cometió. Esto prefiguraba a cómo nuestros hermanos Judíos acusarían a los Nazarenos de idolatría (es decir, adulterio espiritual) por creer en Yeshúa. Los Nazarenos fueron obligados a salir al mundo (que es un tipo de Egipto espiritual). Luego llevaron las Buenas Nuevas a *"la casa de Israel"* (que también es llamada como *"la casa de Yosef"*).

Después de pasar un tiempo en la cárcel, Yosef fue llevado ante Faraón por su habilidad para interpretar los sueños. Debido a que interpretó correctamente los sueños de Faraón y dio sabios consejos, Yosef fue visto como un sabio. Luego fue nombrado gobernador sobre toda la tierra de Egipto, estando solamente bajo el mismo faraón. Entonces Yosef usó su poder para ayudar a faraón a consolidar su dominio sobre Egipto, y le fue dada Asenat, la hija del sumo sacerdote egipcio Poti-ferah, por esposa. Le dio a luz dos hijos: Manasés y Efraim.

Génesis 1 nos dice que todos los seres vivos se reproducen según su propia clase. Como esto también se aplica a los seres humanos, podríamos esperar que los hijos de Yosef sean en parte buenos hebreos (por causa de Yosef), y en parte paganos espirituales (debido al padre de Asenat, Poti-ferah). Esto es de hecho lo que vemos. En general, los Cristianos Protestantes se comportan como si fueran en parte Hebreos y en parte paganos, mezclando numerosos ritos paganos de adoración al sol, como rituales y días festivos de adoración.

El nombre de Manasés significa que *él olvidará su trabajo y la casa de su padre*. Este es un cuadro profético de Inglaterra, donde comenzó la Revolución Industrial. La Revolución Industrial ayudó al pueblo Británico (y a sus colonias) a olvidar su trabajo. Tristemente, también olvidaron la casa de su Padre (el templo).

Aunque ambos hijos de Yosef iban a ser grandes, el hijo menor de Yosef, Efraim, se convertiría en el más grande de los dos.

Bereshit (Génesis) 48: 12-16
12 Y Yosef los sacó de junto a sus rodillas, y se postró con su rostro sobre la tierra.
13 Entonces Yosef tomó a ambos, Efraim, en su diestra hacia la mano izquierda de Israel, y Manasés en su mano izquierda hacia la diestra de Israel, y los acercó a él.

14 Entonces Israel extendió su mano derecha y la puso sobre la cabeza de Efraim, que era el más joven, y su mano izquierda sobre la cabeza de Manasés, guiando sus manos sabiamente, porque Manasés era el primogénito.

15 Y bendijo a Yosef, y dijo:

"Elohim, delante de quien caminaron mis padres Abraham e Isaac, el Elohim que me ha alimentado toda mi vida hasta este día,

16 El Ángel que me ha redimido de todo mal, bendiga a los jóvenes. Que mi nombre sea nombrado sobre ellos, y el nombre de mis padres Abraham e Isaac; Y crezcan en multitud en medio de la tierra".

A veces los traductores cometen errores. En el versículo 16, la frase "crezcan en multitud en medio de la tierra" quedaría mejor traducida como; "que se multipliquen como una multitud de peces en medio de la tierra".

Génesis 48:16 16 "El Ángel que me ha redimido de todo mal, bendiga a los jóvenes. Que mi nombre sea nombrado sobre ellos, y el nombre de mis padres Abraham e Isaac; Y se multipliquen como una multitud de peces en medio de la tierra".	(16) הַמַּלְאָךְ הַגֹּאֵל אֹתִי מִכָּל רָע יְבָרֵךְ אֶת הַנְּעָרִים וְיִקָּרֵא בָהֶם שְׁמִי וְשֵׁם אֲבֹתַי אַבְרָהָם וְיִצְחָק ו וְיִדְגּוּ לָרֹב בְּקֶרֶב הָאָרֶץ

En Hebreo, este tipo de sugerencia se llama *remez* (רמז) y nos da una pista de algún significado oculto. Entonces, ¿Cuál es el pueblo que ha aumentado hasta hacerse una multitud en medio de la tierra, y que han adoptado el pez como su símbolo? Este es el pueblo Cristiano, por supuesto.

Bereshit (Génesis) 48: 17-19
17 Cuando Yosef vio que su padre [Israel] ponía su mano derecha sobre la cabeza de Efraim, le disgustó; Así que tomó la mano de su padre para quitarla de la cabeza de Efraim a la cabeza de Manasés.
18 Y dijo Yosef a su padre: No, padre mío, porque éste es el primogénito, pon tu diestra sobre su cabeza.
19 Pero su padre [Israel] se negó y dijo: "Lo sé, hijo mío [Yosef], sé que él [Manasés] también será un pueblo, y él también será grande, pero en verdad, su hermano menor [Efraim] será mayor que él, y sus descendientes se convertirán en una multitud de naciones".

En el versículo 19, la frase "multitud de naciones" es "melo ha-goyim" (מְלֹא הַגּוֹיִם). Esto también puede traducirse como "plenitud" o "llenura" de las naciones.

Los eruditos tienen diferentes interpretaciones sobre lo que es la plenitud/llenura de las naciones, pero en su contexto, parece sugerir que el pueblo Efraimita se convertiría, finalmente, en una multitud de naciones (Israelitas) las cuales son más grandes que su hermano mayor (es decir, son más numerosas y más prósperos).

Norteamérica, originalmente colonizada por refugiados Cristianos Protestantes y Separatistas, se volvió más rica y más poblada que Inglaterra. Es una "multitud de naciones" en que se estableció por primera vez como una unión de estados independientes. Además, Estados Unidos está compuesto de gente de, virtualmente, cada tribu y lengua y nación, por lo tanto, sirve como una plenitud o integridad de las naciones.

En la Escritura, los nombres son siempre proféticos. El nombre de Efraim significa *doblemente fructífero* y *prodigioso*. Cuando buscamos una nación Cristiana Protestante, que es mayor que su hermano mayor (Inglaterra), que es una multitud de naciones, y que es doblemente fructífera y prodigiosamente bendecida; el único candidato lógico es la Norteamérica Cristiana Protestante. Es por eso que a menudo nos referiremos a Norteamérica como la tribu profética de Efraim.

Sin embargo, Efraim también puede ser traducido como *el polvo*, lo que significa *extremadamente numeroso* (en todas partes). Esto se refiere al creciente cuerpo de Cristianos en todo el mundo que están regresando a su herencia Israelita. De hecho, veremos que Yahweh siempre planeó que la salvación (Yeshúa) sea ofrecida a cada tribu, cada familia, cada nación y cada clan, para que muchos puedan ser salvos, tanto en oriente como en occidente.

> Mattityahu (Mateo) 8:11
> 11 Y les digo que vendrán muchos de oriente y occidente, y se sentarán con Abraham, Isaac y Yaakov (Jacob) en el Reino de los Cielos.

A veces grupos como los Israelitas Británicos y los Israelitas Hebreos (Negros) tratan de decir que la Teoría de las Dos Casas en un asunto racial. "Esto es un error". Yahweh no se preocupa de la raza o el color que tenemos, porque Yahweh no se gloría en nuestra carne. De hecho, Él no se preocupa por nuestra apariencia física en absoluto, sino más bien, Él sólo mira nuestros corazones.

Shamuel Alef (1 Samuel) 16: 7

7 Y Yahweh le dijo a Samuel: "No mires su aspecto [físico] ni su estatura física, porque la he desestimado, porque Yahweh no mira lo que el hombre mira, porque el hombre mira la apariencia, pero Yahweh mira el corazón".

La relación especial que existe entre los Estados Unidos e Inglaterra es el resultado del sentimiento fraternal que existe entre los dos hijos de Yosef, Manasés y Efraim. De la misma manera, la relación que existe entre los Estados Unidos e Israel es el reflejo de la hermandad entre la casa de Yosef (Efraim) y la casa de Judah.

La Nación Se Divide

Después que Yosef (José) murió, surgieron nuevos reyes en Egipto que no conocían todas las cosas buenas que Yosef había hecho por Egipto. Estos nuevos reyes temían a los hijos de Israel, y optaron por someterlos a través de una dura esclavitud.

Después de 430 años en Egipto, Yahweh envió a un hombre llamado Moshé (Moisés) para salvar a los hijos de Israel. Él los sacó de Egipto guiándolos a través del Mar Rojo hacía el desierto de Sinaí. Cincuenta días después de salir de Egipto, se les dio la Torah al pie del monte Sinaí. Esto constituyó "su pacto matrimonial". En ese momento, se les dijo que serían llevados a la Tierra Prometida, la tierra de Canaán.

Moshé envió a doce hombres para espiar la tierra. Sin embargo, sólo Caleb, hijo de Yefoné (de la tribu de Judah) y Josué, hijo de Nun (de la tribu de Efraim), trajeron un buen informe.

Bemidbar (Números) 14: 6-7
6 Yejoshúa (Josué), hijo de Nun, y Caleb, hijo de Yefoné, que estaban entre los que habían espiado la tierra, rasgaron sus vestidos;
7 Y hablaron a toda la congregación de los hijos de Israel, diciendo: ¡La tierra por la que pasamos para espiar es una tierra sumamente buena!

Es un simbolismo el que los dos espías, que trajeron un buen informe, fueran de las tribus de Judah y Efraim. Estas dos tribus representan las dos casas (Judah en el sur y Efraim en el norte).

Tras la muerte de Moisés, Yejoshúa fue designado para dirigir a los hijos de Israel en la conquista de la tierra de Canaán. Luego vino el período de los jueces (registrado en el libro de los Jueces). Durante este periodo de tiempo las tribus carecieron de un liderazgo fuerte y central, y por esto la nación languideció. Cada hombre hacía lo que parecía bueno a sus propios ojos (en contraposición a hacer lo bueno a los ojos de Yahweh).

Shofetim (Jueces) 17: 6
6 En aquellos días no había rey en Israel; Todos hicieron lo que era correcto en sus propios ojos.

Después de la era de los jueces, llegó la era de los reyes. Después de terminar el reinado del rey Shaul (Saul), el rey David unió a los hijos de Israel, venció a los enemigos de Israel y los llevó de regreso al pacto matrimonial (la Torah). Esto estableció el estándar para un *Mesías* (ungido), por esto el rey David es considerado un tipo de mesías (como un pequeño mesías). Esta es una de las razones por la que nuestros hermanos Judíos rechazaron a Yeshúa, porque no podían ver cómo Yeshúa encajaba en el mismo patrón.

Como explicamos en "*Apocalipsis y el Fin de los Tiempos*", Yeshúa está reuniendo a los perdidos y dispersos de la casa de Israel mediante Su Espíritu para la venidera batalla en Armagedón (que los efraimitas ganarán). Después de esta victoria entrarán nuevamente al pacto y a la tierra de Israel. Sin embargo, esta reunificación para la batalla final está sucediendo muy lentamente, a través de muchas generaciones. Debido a que esto está ocurriendo tan lentamente, nuestros hermanos Judíos no pueden ver a Yeshúa como el Mesías profetizado.

Cuando murió el rey David, su hijo Salomón reinó en su lugar. Sin embargo, Salomón desobedeció la Torah tomando esposas extranjeras. Ahora, sin olvidar que las Escrituras etiquetan a las personas por su fe, el problema no fue que sus esposas fueran extranjeras, más bien, el problema fue que sus esposas adoraban a dioses extranjeros. Y cuando Salomón quería complacer a sus esposas, terminó haciendo ofrendas a sus dioses falsos, lo cual enojó a Yahweh (versículo 9) y, debido a esto, prometió castigar a Salomón.

Melajim Alef (1 Reyes) 11: 1-13
1 Pero el rey Salomón amó a muchas mujeres extranjeras, además de la hija de Faraón: a mujeres Moabitas, Amonitas, Edomitas, Sidonias y Heteas,
2 Naciones de las cuales Yahweh había dicho a los hijos de Israel: No te casarás con ellas, ni ellas contigo; porque ciertamente ellas desviarán tu corazón tras sus dioses. Y Salomón se aferró a ellas en amor.
3 Y tenía setecientas mujeres reinas y trescientas concubinas; Y sus mujeres cambiaron su corazón.
4 Porque fue que, cuando Salomón era anciano, sus mujeres desviaron su corazón en pos de otros dioses; Y su corazón no fue leal a Yahweh, su Elohim, como lo fue el corazón de su padre David.
5 Porque Salomón fue tras Astarot [Ishtar], la diosa de los Sidonios, y tras de Milcom, la abominación de los Amonitas.
6 Salomón hizo lo malo ante los ojos de Yahweh, y no siguió a Yahweh, como lo hizo su padre David.
7 Entonces Salomón edificó un lugar alto para Quemos, la abominación de Moab, en la colina que está al oriente de Jerusalem, y para Moloc la abominación del pueblo de Amón.

8 E hizo lo mismo por todas sus mujeres extranjeras, que quemaban incienso y sacrificaban a sus dioses.

9 Y Yahweh se enojó contra Salomón, porque su corazón se había apartado de Yahweh, Elohim de Israel, que se le había aparecido dos veces, 10 Y le había mandado acerca de esto, para que no siguiese a otros dioses; Pero no guardó lo que Yahweh había mandado.

11 Y Yahweh dijo a Salomón: "Por cuanto hiciste esto, y no guardaste Mi pacto y Mis estatutos, que Yo te he mandado, ciertamente te arrancaré el reino y lo daré a tu siervo.

12 Sin embargo, no lo haré en tus días, por amor de tu padre David; [sino que] lo arrancaré de la mano de tu hijo.

13 No obstante, no arrancaré todo el reino; Daré una tribu a tu hijo por causa de mi siervo David, y [otra] por causa de Jerusalem, que he escogido".

Yahweh había prometido a David que Salomón reinaría después de él, así que en lugar de quitarle el reinado de la casa de Judah mientras vivía Salomón, Yahweh decidió quitarle el reino de la casa de Judah cuando reinara Roboam, el hijo de Salomón. El reinado sería dado a Jeroboam, el siervo de Salomón de la casa del norte de Efraim/Israel. Yahweh envió a un profeta llamado Ahiyah (Ahías) para decirle a Jeroboam que se le daría el reinado de las diez tribus del norte. Esto dejaría solo dos tribus para que el hijo de Salomón, Roboam, gobernara (Judah y Benjamín, o "los Judíos").

Melajim Alef (1 Reyes) 11: 29-35
29 Y aconteció que, en aquel tiempo cuando Jeroboam salió de Jerusalem, el profeta Ahiyah, el Silonita, se encontró con él en el camino; Y se

había vestido con una vestidura nueva; Y los dos estaban solos en el campo.

30 Entonces Ahiyah tomó la ropa nueva que estaba sobre él, y la rasgó en doce pedazos.

31 Y dijo a Jeroboam: Toma diez piezas para ti, [una por cada una de las diez tribus], porque así ha dicho Yahweh el Elohim de Israel: He aquí, yo arrancaré el reino de la mano de Salomón, y te daré diez tribus a ti;

32 pero él [Salomón] tendrá una tribu por causa de mi siervo David, y [otra] por causa de Jerusalem, la ciudad que he escogido de todas las tribus de Israel,

33 porque me han abandonado, y han adorado a Astarte [Ishtar] la diosa de los Sidonios, y a Quemos el elohim (dios) de los Moabitas y a Milcom el elohim del pueblo de Ammón, y no han andado en Mis caminos, haciendo lo recto ante Mis ojos, ni guardando Mis estatutos, ni Mis ordenanzas, como lo hizo David su padre.

34 No obstante, no quitaré de su mano el reino, porque lo he puesto por rey todos los días de su vida por causa de mi siervo David, a quien he escogido porque ha guardado Mis mandamientos y Mis estatutos.

35 Pero Yo tomaré el reino de la mano de su hijo y te daré a ti diez tribus.

Yahweh hizo que Ahiyah le dijera a Jeroboam que amaba a David porque él guardaba Sus mandamientos y que, si Jeroboam también guardaba Sus mandamientos, entonces la casa de Israel se le daría como "una casa perdurable".

Melajim Alef (1 Reyes 11:37-39)

37 "Así que te tomaré a ti, y reinarás según todos los deseos de tu corazón, y serás rey sobre Israel.

38 y sucederá que, si oyeres todo lo que Yo te mando, andando en Mis caminos y haciendo lo recto ante Mis ojos, guardando Mis estatutos y Mis mandamientos, como lo hizo David Mi siervo, yo estaré contigo y construiré para ti una casa duradera, como la edifiqué para David; Y te daré Israel a ti.

39 Y afligiré a los descendientes de David [los Judíos] por causa de esto, pero no para siempre.

Yahweh prometió que haría de Efraim/Israel la nueva casa principal, pero solo si guardaban sus mandamientos. Sin embargo, si no guardaban Sus mandamientos/Torah no serían la casa principal.

En 1 Reyes 12, la casa de Israel se rebeló contra el rey Roboam, y ellos nombraron a Jeroboam como su nuevo rey. El rey Jeroboam sabía que debía guiar al pueblo a guardar la Torah, pero tenía un dilema porque la Torah ordena a todos los hombres que suban a Jerusalem tres veces al año. Sin embargo, Jerusalem estaba en el territorio de Roboam, y si el pueblo subía a Jerusalem año tras año, eventualmente sus lealtades regresarían al rey Roboam, y lo matarían a él (Jeroboam).

Melajim Alef (1 Reyes) 12: 26-27
26 Y Jeroboam dijo en su corazón: "Ahora el reino podría volver a la casa de David [Judah].
27 Si estos hombres subieran a ofrecer sacrificios en la casa de Yahweh en Jerusalem, entonces el corazón de este pueblo volverá a su adón, Roboam rey de Judah; Y me matarán, y volverán a Roboam, rey de Judah.

Así que Jeroboam llegó con un plan que tiene varios paralelos proféticos con la iglesia Cristiana sin-Torah.

Melajim Alef (1 Reyes) 12: 28-33

28 Por lo cual el rey pidió consejo, e hizo dos becerros de oro y dijo al pueblo: "Es demasiado que vayan a Jerusalem [para las fiestas]. ¡Aquí está tu Elohim, Oh Israel, que te hizo subir de la tierra de Egipto!"

29 Y puso uno en Betel, y el otro puso en Dan.

30 Y esto se convirtió en causa de pecado, porque el pueblo iba hasta Dan a adorar.

31 E hizo santuarios en los lugares altos, e hizo sacerdotes de entre el pueblo, que no eran de los hijos de Leví.

32 Y Jeroboam estableció una fiesta a los quince días del mes octavo, como la fiesta de Judah, y ofreció sacrificios en el altar. Así lo hizo en Betel, sacrificando a los becerros que había hecho. Y en Betel instaló a los sacerdotes de los lugares altos que había hecho.

33 Así hizo ofrendas sobre el altar que había hecho en Betel el día quince del mes octavo, en el mes que él había ideado en su propio corazón. Y estableció una fiesta para los hijos de Israel, y ofreció sacrificios sobre el altar, y quemó incienso.

Jeroboam movió las fiestas del séptimo mes hasta el octavo mes, estableció falsas casas de adoración, y estableció objetos visibles de adoración (ídolos) para el pueblo. También nombró sacerdotes a cualquier hombre del pueblo (no sólo de los hijos de Leví). A pesar de que su nuevo sistema religioso se apartó de la Torah, le dijo a la gente que este sistema era legítimo.

El reino del Norte de Efraim se convirtió en la nueva casa principal, pero sólo por un tiempo. El patrón establecido en el Jardín del Edén es que, cuando obedecemos las Instrucciones de Yahweh, Él nos bendice y nos permite vivir en Su tierra. Y, debido a que ellos no obedecieron el pacto, ya no se les permitió morar en la tierra del pacto, porque la estaban contaminando con su desobediencia/pecados.

Punto a punto, este es el patrón que la iglesia Cristiana seguiría más tarde, ya que ellos decían ser el "Nuevo Israel Espiritual". La iglesia atrasó aún más las fiestas del séptimo mes (hasta el invierno). Movieron el centro de adoración de Jerusalem a Roma, y establecieron un falso templo. Ellos establecieron ídolos (estatuillas e imágenes esculpidas) dentro de ese templo, y nombraron a sacerdotes de cualquier linaje (no sólo los hijos de Leví). En resumen, fabricaron falsos días de fiesta, fundaron falsos sitios para las fiestas, establecieron un falso sacerdocio y establecieron objetos visibles de adoración (ídolos).

En los próximos capítulos veremos que Yahweh envió a muchos profetas para decirle a los Efraimitas que necesitaban arrepentirse, o serían esparcidos por los cuatro rincones de la tierra. Y como ellos no se arrepintieron, Yahweh los dispersó tal como lo había prometido. Pero, desde los lejanos confines de la tierra, el Espíritu de Yahweh comenzará a llamar a un remanente de Su pueblo de vuelta a casa, tal como lo profetizó en la Torah (Deuteronomio 30:1-10).

Antes de ver cómo se reunirá el remanente de Efraim, veamos con más detalles la forma en que ellos fueron esparcidos por toda la tierra, porque esto nos mostrará muchos misterios venideros.

Advertencias Finales a Efraim

Yahweh nos ama, y quiere que seamos una novia digna de Su Hijo. Quiere que seamos la mejor versión de nosotros. Es por eso que Él aplica altos estándares de disciplina, como un sargento que nos cuida.

En materia de disciplina, Elohim nunca actúa aleatoriamente. Al igual que en el ejército, Elohim tiene un código uniforme de justicia legal que aplica tanto a Sí mismo como a nosotros. Y aunque algunas personas piensan que estudiar los asuntos de Su Torah es "legalista", debemos aprender cómo Yahweh aplica Su juicio y disciplina para que podamos aprender a no estar en problemas con Su ley.

Yahweh no sólo da a conocer Sus leyes, Él siempre da una advertencia justa antes de disciplinar a alguien. Él envía a Sus siervos los profetas para ayudar a la gente a entender cuáles son los horrores que le esperan si es que no comienzan a interesarse por Yahweh, por Sus sentimientos y por lo que Él quiere. Entre los profetas que Yahweh envió al reino del norte de Efraim estaba Hoshea (Oseas).

Hoshea (Oseas) 1: 2
2 Cuando Yahweh comenzó a hablar por Hoshea, Yahweh le dijo a Hoshea: "Ve, tómate una mujer adúltera, y ten hijos de adulterio, porque la tierra ha cometido grandes adulterios al apartarse de Yahweh".

La idolatría es adulterio espiritual, y debido a que la casa de Efraim había cometido idolatría/adulterio con otros elohim (dioses), Yahweh le dijo a Hoshea que tomara una adultera por esposa. Esto era para mostrar a los Efraimitas cómo lo hizo sentir su idolatría.

Hoshea (Oseas) 1: 3
3 Y él fue y tomó a Gomer, hija de Diblaim, y concibió y dio a luz un hijo.

El nombre Gomer significa *terminado (o consumado)*. La implicación era que incluso la gran paciencia de Yahweh con Efraim había llegado a su fin.

Hoshea (Oseas) 1: 4
4 Y Yahweh le dijo: "Llama su nombre Jezreel, porque dentro de poco voy a vengar el derramamiento de sangre de Jezreel sobre la casa de Yehu [Judah], y pondré fin al reino [del norte] de la Casa de Israel".

El nombre de Jezreel significa *Elohim dispersará*, o *Elohim sembrará*, como uno que siembra trigo en la tierra. Este es el mismo concepto al que Yeshúa se refiere en algunas de sus parábolas agrícolas. Nota que Yahweh no dijo que Él destruiría a los Efraimitas *mismos*, Él sólo dijo que iba a poner fin a su *reino*. (También veremos referencias a esto en el Pacto Renovado [Nuevo Testamento]).

Hoshea (Oseas) 1: 6
6 Y concibió otra vez, y dio a luz una hija. Entonces Elohim le dijo: "Llama su nombre Lo-Ruhamah, porque no tendré más misericordia de la casa de Israel; sino, por cierto, Yo los llevaré lejos".

Lo-Ruhamah significa, *sin misericordia*, o *sin compasión*. Yahweh estaba diciendo que no los toleraría más tiempo. Él había terminado (Gomer) con su esposa adúltera. Elohim dispersaría (Jezreel) a

Efraim en la tierra como a una semilla de trigo, y ya no tendría compasión (Lo-Ruhamah) de ella, porque ella no tenía cuidado con lo que Él deseaba. Efraim ya no sería el pueblo de Yahweh, sino que se convertiría en Lo-Ammi (no Su pueblo).

Hoshea (Oseas) 1: 8-9
8 Y cuando hubo destetado a Lo-Ruhamah, concibió y dio a luz un hijo.
9 Entonces Elohim dijo: Ponle por nombre Lo-Ammi, porque tú no eres Mi pueblo, y Yo no seré tu Elohim.

Y, sin embargo, a pesar de toda la idolatría/adulterio que los Efraimitas habían cometido contra Él, y a pesar de que no parecían preocuparse por Él, Yahweh seguía siendo misericordioso con ellos. Él dijo que los redimiría un día, después de que se hubieran arrepentido y volvieran sus corazones a Él.

Hoshea (Oseas) 1:10
10 Pero el número de los hijos de Israel será como la arena del mar, que no puede ser medida ni contada. Y será que, en el lugar donde se les dijo: No son pueblo Mo; allí se les dirá: Ustedes son hijos del Elohim vivo.

De esta manera, si Efraim se negaba a guardar la Torah, sería como una repetición del Jardín del Edén: Yahweh expulsaría a Efraim de Su tierra, después sacaría Su espada hasta que ella se arrepienta y vuelva su corazón nuevamente a Él.

Después de muchas generaciones, los hijos de Efraim serían traídos de regreso a Su tierra, donde se reunirían con sus hermanos Judíos que también creerían en Yeshúa en ese tiempo.

105

Hoshea (Oseas) 1:11
11 Entonces los hijos de Judah y los hijos de Israel se congregarán, y designarán para sí una cabeza; Y saldrán de la tierra, porque grande será el día de Jezreel.

La Torah dice que antes de que un pecador pueda ser castigado, debe haber dos o más testigos de su pecado. Por lo tanto, además de Hoshea, Yahweh envió a un profeta llamado Eliyahu (Elías) para testificar contra los Efraimitas. Muchos Cristianos están familiarizados con el famoso enfrentamiento de Eliyahu con los sacerdotes de Baal. Muy pocos, sin embargo, se dan cuenta de que los nombres en la mayoría de las traducciones occidentales han cambiado. Esto es un gran problema, ya que, en las Escrituras, los nombres son proféticos y tienen poder.

El nombre del Creador (Yahweh o Yahuweh) ha sido alterado unas 6.828 veces en la Escritura. Esto es contrario al tercer mandamiento.

Éxodo 20: 7 7 "No tomarás el nombre de Yahweh tu Elohim en vano, porque Yahweh no dará por inocente al que tome Su nombre en vano".	(7) לֹא תִשָּׂא אֶת שֵׁם יְהוָה אֱלֹהֶיךָ לַשָּׁוְא ׀ כִּי לֹא יְנַקֶּה יְהוָה אֵת אֲשֶׁר יִשָּׂא אֶת שְׁמוֹ לַשָּׁוְא

En Hebreo, la palabra vano es l'shavah (לַשָּׁוְא). Esta palabra se refiere a hacer Su nombre *desolado* o hacerlo *inútil* (es decir, convertirlo en nada o vacío). La idea aquí es que, si no usamos Su nombre (como Él dice), estamos desolando Su nombre, y convirtiéndolo en nada.

H7723 shav o שַׁו shav; de lo mismo que H7722 en el sentido de desolar; mal (como destructivo), literalmente (ruina) o mor. (especialmente culpa); figurativamente idolatría (como falsa, subj.), inutilidad (como engañosa, obj.; también adverbio en vano): calamidad, destrucción, falso, hipócrita, ilusoria, mentira, mentiroso, vanidad, vano.

Para fines de comparación, la raíz de la palabra l'shavah es la palabra shoah. Esta palabra se refiere a una devastación, y es la misma palabra usada para el Gran Holocausto de la Segunda Guerra Mundial.

H7722 sho (femenino) שׁוֹיאָה shoá; o שִׁיאָה shoá; de una raíz que no se usa que significa precipitarse sobre; tempestad; por impl. devastación: alboroto, asolamiento, asolar, calamidad, destrucción, quebrantamiento, restaurar, ruina, tempestad.

Los rabinos Ortodoxos nos dicen que no debemos decir el nombre de Yahweh, porque hablar Su nombre en voz alta es ser irrespetuoso. Sin embargo, aunque queramos ser respetuosos, tampoco debemos dejar que Su nombre sea desolado. Nosotros tampoco queremos llamarlo con un nombre que no sea el Suyo, aunque eso es precisamente lo que mucha gente hace cuando lo llaman *Dios* o *Señor*.

Cuando las legiones romanas conquistaban nuevas tierras, permitían a los antiguos moradores "paganos" de esas tierras llamar a Elohim con los nombres de sus dioses falsos. Esto era práctico, ya que facilitaba mucho la conversión de los pueblos originarios al Catolicismo. Ya que Yahweh también es muy práctico, Él toleró esto. Sin embargo, en realidad a Él no le gusta esto. En última instancia, Él quiere que todo Su pueblo aprenda a llamarlo con Su nombre verdadero (así como queremos que la gente nos llamé con nuestros verdaderos nombres, y no con nombres de deidades paganas).

A veces la gente se pregunta si es realmente importante llamar a Yahweh por su verdadero nombre, Él nos dice que es un asunto importante. Es uno de los Diez Mandamientos, que fue grabado en piedra, Yahweh nos dice claramente que quiere que su nombre sea declarado en toda la tierra.

Shemot (Éxodo) 9:16
16 Y en verdad los he levantado para esto, para que yo manifieste Mi poder en ustedes, y para que se declare Mi nombre en toda la tierra.

Yahweh enfatiza la importancia de amarlo, y conocer Su verdadero nombre.

Tehilim (Salmos) 91: 14-16
14 "Porque él ha puesto su amor en Mí, por lo tanto, lo libraré; Lo pondré en lo alto, porque ha conocido Mi nombre.
15 Me invocará, y Yo le responderé; Yo estaré con él en la angustia; lo libraré y lo honraré.
16 Yo le saciaré con larga vida, y le mostraré Mi salvación (literalmente: Yeshúa)".

En hebreo, el nombre de Yahweh se deletrea Yod-Hei-Vau-Hei (יהוה). Hay varias buenas teorías sobre cómo pronunciar Su nombre (Yahweh, Yejovah, Yahuweh, Yahuwah, etc.). Podemos aceptar todas estas pronunciaciones, sin embargo, no hay forma de pronunciar Yod-Hei-Vau-Hei como Dios o Señor. Cuando las legiones Romanas conquistaron las islas Británicas, simplemente les dijeron a los Británicos que usaran estos nombres para Yahweh, y la práctica se ha llevado a través de los siglos, a pesar de que la Escritura lo prohíbe.

Tenemos que recordar que uno de los problemas de Efraim es la idolatría (que es adulterio espiritual). Cuando los gentiles en las Islas Británicas estaban adorando a Dios (en inglés God [Gud]) y al Señor (en inglés Lord [Lordo/Larth]), estaban cometiendo adulterio espiritual. Cuando los paganos recién conquistados comenzaron a adorar a Yahweh, Él los perdonó por haber cometido adulterio espiritual contra Él, pero ¿cómo creen que le hizo sentir esto? ¿Y cómo creen que se siente ahora cuando seguimos llamándolo por estos nombres? ¿Acaso nos gustaría que nuestros esposos o esposas cometan adulterio contra nosotros (¡Yahweh no lo quiera!), y que al volver a nosotros nos llamaran con los nombres de sus amantes todo el tiempo?

Muchos creyentes llaman a Yahweh *"Señor"*. Ellos piensan que esto está bien porque los Ingleses han estado llamando a Yahweh *"Señor"* por más de mil años. En realidad, esto es el cumplimiento de un antiguo presagio profético que tuvo lugar en el enfrentamiento infame de Eliyahu con los sacerdotes de Baal (Señor).

1 Reyes 18: 17-18	(17) וַיְהִי כִּרְאוֹת
17 Y sucedió que, cuando Acab vio a Eliyahu, Acab le dijo: ¿Eres tú, oh perturbador de Israel?	אַחְאָב אֶת אֵלִיָּהוּ וַיֹּאמֶר אַחְאָב אֵלָיו הַאַתָּה זֶה עֹכֵר יִשְׂרָאֵל:
18 Y él respondió: No he turbado a Israel, sino que tú y la casa de tu padre [de Jeroboam] han dejado	(18) וַיֹּאמֶר לֹא עָכַרְתִּי אֶת יִשְׂרָאֵל כִּי אִם אַתָּה וּבֵית

los mandamientos de Yahweh, y han seguido a los baales [señores].	אָבִיךָ ׀ בַּעֲזׇבְכֶם אֶת מִצְוֺת יְהוָה וַתֵּלֶךְ אַחֲרֵי הַבְּעָלִים

Observa que Eliyahu reprendió a Acab por alentar a Israel a continuar las falsas prácticas de su padre, el rey Jeroboam. Luego desafió a Acab a reunir a los 450 profetas del *Señor (Baal)* y a los 400 profetas de Asera (Ishtar), que comían en la mesa de Jezabel.

Melajim Alef (1 Reyes) 18:19
19 Ahora pues, envia y congrega a todo Israel en el monte Carmelo, los cuatrocientos cincuenta profetas de Baal, y los cuatrocientos profetas de Asera, que comen en la mesa de Jezabel.

Así como nuestros antepasados abandonaron a Yahweh por el *Señor (Baal)* y Asera/Ishtar, muchos de nosotros hacemos eso mismo hoy en día. Incluso aquellos que conocen el significado de la palabra *"el Señor"* todavía lo llaman Yahweh y *Señor* de manera intercambiable, como si estuviera bien llamar a Yahweh con el nombre de un antiguo amante.

Melajim Alef (1 Reyes) 18: 20-21
20 Entonces Acab envió a todos los hijos de Israel, y reunió a los profetas en el monte Carmelo.
21 Entonces Eliyahu se acercó a todo el pueblo, y dijo: ¿Cuánto tiempo seguirán saltando entre dos opiniones?, si Yahweh es Elohim, síganlo, pero si es el Señor, vayan en pos de él. Pero el pueblo no le respondió palabra.

Las personas son seres de hábitos. Una vez que comienzan a llamar a Yahweh como *"Señor"*, no les gustará cambiarlo más tarde. Sin embargo, noten que Eliyahu deja claro que hay una diferencia entre *Yahweh* y *el Señor.*

Melajim Alef (1 Reyes) 18: 22-29

22 Eliyahu dijo al pueblo: "De los profetas de Yahweh solo yo he quedado, pero los profetas de Baal [el señor] son cuatrocientos cincuenta hombres.
23 Por tanto, dennos dos becerros; y que escojan un toro para sí, córtenlo en pedazos, y pónganlo sobre la leña, pero no pongan fuego debajo de él; y yo prepararé el otro becerro, y lo pondré sobre la leña, pero no pondré fuego debajo de él.
24 Entonces invocarán el nombre de vuestro Elohim, y yo invocaré el nombre de Yahweh; y el Elohim que responda por fuego, Él es Elohim. "Entonces todo el pueblo respondió y dijo: "bien dicho".
25 Eliyahu dijo a los profetas de Baal [el señor]: "Escojan uno de ellos, y preparenlo primero, porque ustede son muchos, invoquen el nombre de su Elohim, pero no pongan fuego debajo de él".
26 Y tomaron el becerro que se les había dado, y lo prepararon, e invocaron el nombre del señor desde la mañana hasta el mediodía, diciendo: ¡Oh señor, escúchanos! Pero no había voz; nadie respondió. Entonces saltaron sobre el altar que habían hecho.
27 Y al mediodía, Eliyahu se burló de ellos y les dijo: "¡Griten en alta voz, porque es un poderoso [Elohim]: quizás está meditando, o está ocupado, o está en un viaje, o quizás está durmiendo, y debe ser despertado!"
28 Y clamaron en alta voz, y se cortaron, según su costumbre, con cuchillos y lanzas, hasta que la sangre brotó sobre ellos.

29 Y cuando pasó el mediodía, profetizaron hasta el tiempo de la ofrenda del sacrificio de la tarde. Pero no había voz; nadie respondió: nadie prestó atención.

Yahweh dio a los sacerdotes Efraimitas tiempo suficiente para admitir que estaban equivocados. Entonces Eliyahu reconstruyó el altar de Yahweh que había sido derribado, y cavó una zanja bastante grande para sostener dos medidas de semillas (probablemente representando las dos casas de Israel). Luego hizo que la gente empapara la madera con doce jarras de agua.

Melajim Alef (1 Reyes) 18: 30-37
30 Entonces Eliyahu dijo a todo el pueblo: "Acérquense a mí; y todo el pueblo se le acercó. Y reparó el altar de Yahweh que había sido derribado.
31 Entonces Eliyahu tomó doce piedras, según el número de las tribus de los hijos de Yaakov, a quienes había venido la palabra de Yahweh, diciendo: Israel será tu nombre.
32 Y con las piedras edificó un altar en el nombre de Yahweh, e hizo una trinchera alrededor del altar lo bastante grande para sostener dos medidas de semillas.
33 Y puso la leña en orden, cortó el toro en pedazos, y lo puso sobre la leña, y dijo: "Llenen de agua cuatro vasijas y derrámenlas sobre el holocausto y sobre el madero".
34 Entonces él dijo: "Háganlo por segunda vez", y lo hicieron por segunda vez; y él dijo: "Háganlo por tercera vez", y lo hicieron por tercera vez.
35 Y corrió el agua alrededor del altar; y también llenó la zanja con agua.
36 Y sucedió que, en el momento de la ofrenda del sacrificio de la tarde, el profeta Eliyahu se acercó

y dijo: "Yahweh, Elohim de Abraham, Isaac e Israel, sepan hoy que Tú eres el Elohim de Israel, y yo soy Tu siervo; y que he hecho todas estas cosas en Tu palabra.
37 ¡Escúchame, Yahweh! Escúchame, para que este pueblo sepa que Tú eres Yahweh Ha`Elohim; y que vuelves sus corazones a Ti".

Yahweh respondió por fuego cuando Eliyahu invocó Su verdadero nombre.

Melajim Alef (1 Reyes) 18: 38-40
38 Y cayó el fuego de Yahweh, y consumió el holocausto, y el leño, y las piedras, y el polvo; y aún lamió el agua que estaba en la zanja.
39 Y viendo todo el pueblo, se postraron sobre sus rostros; y dijeron: ¡Yahweh es Ha'Elohim! ¡Yahweh es Ha'Elohim!
40 Entonces Eliyahu les dijo: "¡Capturen a los profetas del señor, que no se escape ni uno solo de ellos!" Entonces los tomaron, y Eliyahu los llevó abajo, al arroyo de Kishon, y los mató allí.

Los tres primeros mandamientos se refieren a la idolatría. En los dos primeros, Yahweh nos dice que no adoraremos a nadie más que Él, y no hagamos ninguna imagen grabada de Él. En el tercero dice que no dejemos que Su nombre caiga en ruinas (vacío/vano). Podemos poner excusas, si queremos, para dejar Su nombre en ruinas, pero Yahweh no nos dejará sin culpa, si hacemos eso.

Shemot (Éxodo) 20: 7
7 "No tomarás el nombre de Yahweh tu Elohim en vano, porque Yahweh no dará por inocente al que tome Su nombre en vano".

Si amas a tu cónyuge, te aseguras de hablarle por su nombre correcto. Todo esto es simplemente una parte del amor, que es llamar a nuestro Esposo por Su nombre.

En Oseas 2:17 (2:19 en Hebreo), Yahweh dice que el día vendrá (después del Armagedón) cuando quitará el nombre de los Baales de la boca de Efraim, y ellos (los baales) no serán recordados por sus nombres nunca más. Éste sólo puede ser el nombre de "*el Señor*" porque ese es el único nombre con el cual los Efraimitas lo llaman. Ningún otro nombre encaja.

Oseas 2:17 17 Por lo cual tomará de su boca los nombres de los Baales, y ellos nunca más serán recordados por sus nombres.	(19) וַהֲסִרֹתִי אֶת שְׁמוֹת הַבְּעָלִים מִפִּיהָ l וְלֹא יִזָּכְרוּ עוֹד בִּשְׁמָם

Cuando leemos las Escrituras, estamos leyendo acerca de espíritus. Tenemos que darnos cuenta de que Yahweh y "*el Señor*" son dos deidades separadas. *El Señor* quiere que le adoremos el domingo, en Navidad, en Ishtar/Pascua. Tiene un hijo llamado *Jesús* que vino a acabar con el pacto nupcial (la Torah), así como con la novia (Israel). Él no es la misma deidad que Yahweh.

Oseas 13:1 nos dice que nuestros antepasados eran poderosos, y cuando hablaban, había temor. Sin embargo, cuando comenzaron a adorar a el *Señor* (en lugar de Yahweh) incurrieron en culpa. Ellos "murieron" espiritualmente (y ya no se contaron como Efraimitas). Esta es la gravedad del tercer mandamiento.

Hoshea (Oseas) 13: 1

1 Cuando habló Efraim, hubo temor. Fue exaltado en Israel; pero él incurrió en culpa por el Señor, y murió.

Yahweh es paciente, pero incluso Su gran paciencia tiene límites. Nuestros antepasados no vieron la importancia de hacer las cosas a Su manera, y finalmente llegó el momento en que Yahweh terminó (Gomer) con Efraim. Él ya no tendría misericordia (Lo-Ruhamah), por lo que ya no sería Su pueblo (Lo-Ammi).

Debido a que nuestros antepasados no valoraron la herencia que Yahweh les había dado, Yahweh envió al rey de Asiria para sacarlos de la tierra de Israel y sembrarlos en la tierra (mundo) como una semilla, y sus descendientes no volverían a casa por 2.730 años.

Israel es Devorado

En el último capítulo vimos cómo los Efraimitas cayeron en idolatría y llamaron a Yahweh *Bel/Baal* (Señor). También vimos cómo Yahweh dijo que los sembraría como semilla en la tierra por su desobediencia. Este sería el primer paso para cumplir las promesas dadas a Abraham y Yaakov (Jacob), de modo que cada familia, cada nación y cada clan sean bendecidos con su genética y así se conviertan en herederos de la promesa de la salvación.

En el siglo VIII a.c., Yahweh envió a los reyes de Asiria para hacer varias incursiones militares en la tierra de Israel. Alrededor del 722 a.c., cayó la capital Efraimita de Samaria. Los Efraimitas fueron sacados de la tierra de Israel y fueron reubicados en las tierras que ahora conforman Siria e Irak. Este fue el resultado natural de apartarse de Su pacto, de no creer en Yahweh, y adorar a los ídolos.

Melajim Bet (2 Reyes) 17: 6-16
6 En el noveno año de Oseas, el rey de Asiria tomó Samaria [la capital de Efraim] y se llevó a Israel a Asiria, y los puso en Halah, junto al Habor, el río de Gozán y en las ciudades de los Medos.
7 Porque así sucedió que los hijos de Israel pecaron contra Yahweh su Elohim, que los había sacado de la tierra de Egipto, de mano de Faraón rey de Egipto; y habían temido a otros dioses,
8 Y anduvieron en los estatutos de las naciones que Yahweh había echado de delante de los hijos de Israel, y de los reyes de Israel que habían hecho.
9 También los hijos de Israel secretamente hicieron contra Yahweh su Elohim cosas que no

eran rectas, y edificaron para sí lugares altos en todas sus ciudades, desde la atalaya hasta la ciudad fortificada.

10 Se levantaron pilares sagrados e imágenes de madera en cada alto monte, y debajo de cada árbol verde.

11 Allí quemaron incienso en todos los lugares altos, Tal cual las naciones que Yahweh había expulsado delante de ellos; e hicieron cosas malas para provocar a ira a Yahweh,

12 porque sirvieron a ídolos, de los cuales Yahweh les había dicho: "No hagan esto".

13 Pero Yahweh testificó contra Israel y contra Judah, por todos sus profetas, y todo vidente, y dijo: "Apartense de sus perversos caminos y guarden Mis mandamientos y Mis estatutos, conforme a toda la Torah que ordené a sus padres, y que he enviado por Mis siervos los profetas ".

14 Sin embargo, no quisieron escuchar, sino que endurecieron sus cuellos, como el cuello de sus padres, que no creyeron en Yahweh su Elohim [es decir, no lo obedecieron].

15 Y desecharon sus estatutos y el pacto que había hecho con sus padres, y sus testimonios que había testificado a ellos; y siguieron ídolos, se hicieron idólatras, y siguieron a las naciones que estaban a su alrededor, acerca de las cuales Yahweh les había encargado que no hicieran lo mismo que ellos.

16 Entonces dejaron todos los mandamientos de Yahweh su Elohim, hicieron para sí mismos una imagen moldeada y dos becerros, hicieron una imagen de madera y adoraron a todo el ejército del cielo, y sirvieron al Señor [Bel/Baal].

Para mantener las cosas más claras, necesitamos diferenciar entre los términos *dispersión* y *exilio*. En resumen, el término *dispersión* se aplica al reino del norte de Efraim, mientras que el término *exilio* se refiere al reino del sur de Judah. Cuando las diez tribus fueron llevadas a Asiria, esto se llamó "*la dispersión de Asiria*", también llamada "*la diáspora*" (la siembra). A veces se le llama "*el exilio Asirio*", pero el término *exilio* técnicamente se aplica a los dos exilios Judíos.

1. La diáspora de Asiria (Efraim, 722 a.C.)
2. El exilio de Babilonia (Judah, 576 a.C.)
3. El exilio Romano (Judah, 70 d.C.)

Cuando los Asirios conquistaban un nuevo territorio, no querían tener ningún problema con insurgencias, por lo que eliminaban a cualquiera que tuviera motivos para restaurar el antiguo reino. Su política era sacar de su país a todas las personas, menos a las más pobres, y repoblarla con otros grupos étnicos de los territorios circundantes. La idea era, no solo cortar los lazos del pueblo con la tierra, sino también destruir las identidades étnicas y religiosas previas de todos a través de matrimonios mixtos.

Melajim Bet (2 Reyes) 17:24
24 Entonces el rey de Asiria trajo gente de Babilonia, Cutha, Ava, Hamat y Sefarvaim, y los puso en las ciudades de Samaria en lugar de los hijos de Israel; y tomaron posesión de Samaria y habitaron en sus ciudades.

La capital del reino del norte de Efraim estaba en las montañas de Samaria, y cuando los Asirios terminaron de llevarse a la mayoría de los Israelitas y trajeron a gente de otras naciones, el resultado fue una nueva raza mixta llamada *Samaritanos.*

Yahweh odia la adoración de ídolos, y la religión idólatra de los Samaritanos desagradó tanto a Yahweh que envió leones para atacarlos. Al darse cuenta de que "el Elohim de la tierra" no estaba feliz, el Rey de Asiria mandó a uno de los sacerdotes Efraimitas a Samaria a enseñar a la gente a guardar los "rituales" de la tierra, sin darse cuenta de que el reino del norte había estado practicando una falsa adoración desde Jeroboam.

Melajim Bet (2 Reyes) 17: 25-29
25 Y sucedió que al comienzo de su morada allí, no temieron a Yahweh; por lo tanto, Yahweh envió leones entre ellos, que mataron a algunos de ellos.
26 Entonces hablaron al rey de Asiria, diciendo: Las naciones que has quitado y puesto en las ciudades de Samaria no conocen los rituales del Elohim de la tierra, por eso ha enviado leones entre ellos, y, de hecho, ellos los están matando porque no conocen los rituales de Elohim de la tierra".
27 Entonces el rey de Asiria mandó, diciendo: Envía allí a uno de los sacerdotes que trajiste de allí, y vaya y more allí, y que él les enseñe los rituales del Elohim de la tierra.
28 Entonces uno de los sacerdotes que habían llevado de Samaria, vino y habitó en Bet-el, y les enseñó cómo debían temer a Yahweh.
29 Sin embargo, todas las naciones continuaron haciendo sus propios elohim, y los pusieron en los santuarios en los lugares altos que los samaritanos habían hecho, cada nación en las ciudades donde habitaban.

Aunque este sacerdote sin nombre pudo enseñar a los samaritanos a temer a Yahweh, el versículo 29 nos dice que cada nación (es decir, cada grupo religioso) continuó haciendo ídolos propios, y los pusieron en los santuarios en los lugares altos. Así que, al igual que los Cristianos lo harían muchos años después, temían a Yahweh, pero todavía servían a los poderosos (Elohim/ídolos).

Melajim Bet (2 Reyes) 17: 33-34
33 Ellos [los Samaritanos] temían a Yahweh; pero estaban sirviendo a sus propios elohim, de acuerdo con las reglas de las naciones a las que habían sido exiliados.
34 Hasta el día de hoy están haciendo según sus antiguas costumbres: [verdaderamente] no temen a Yahweh, ni [realmente] siguen Sus leyes ni Sus ordenanzas, que Yahweh había ordenado a los hijos de Yaakov, cuyo nombre Él hizo Israel;

Dado que los Samaritanos conservaron una versión corrupta de la Torah, los Judíos los evitaron, y hubo enemistades, sospechas y hostilidades entre los Judíos y los Samaritanos. Mientras tanto, los Efraimitas que se habían dispersado en Asiria fueron alentados a asimilarse y adoptar las costumbres religiosas de las tierras en las que fueron sembrados. Se asimilaron tan bien que olvidaron todo acerca de Yahweh y Su Torah. Esto tuvo lugar para cumplir con Oseas 8: 8.

Hoshea (Oseas) 8: 8
8 "Israel será devorado; Ahora están entre los gentiles como un recipiente en el que no hay placer".

Nuestros hermanos Judíos vieron esto desde lejos, y grabaron sus impresiones en un documento histórico importante llamado el *Talmud*. Aunque el Talmud no es Escritura, registra los pensamientos y reflexiones más íntimos de las autoridades religiosas Judías más respetadas de aquellos tiempos. Es por eso que es tan significativo que en el "Talmud Tractate Yebamot 17A" los Judíos registren que los dispersos Efraimitas comenzaron a engendrar "hijos extranjeros". Los llamaron "extranjeros" porque ya no guardaban la Torah o hablaban Hebreo, se habían vuelto "perfectos paganos".

Cuando mencioné el asunto en presencia de Samuel, él me dijo que ellos [los Efraimitas] no se movieron de allí hasta que [los sabios Judíos] los declararon [a los Efraimitas] como paganos perfectos; como se dice en las Escrituras, Ellos han traicionado traicioneramente al Señor, porque han engendrado hijos extraños.
[Talmud Tractate Yebamot 17A, Soncino]

Ahora, para hacer las cosas aún más interesantes, hay dos palabras diferentes para decir *gentil* en Hebreo. Uno es "*goy*", que se refiere a alguien que no tiene ninguna relación sanguínea con la nación de Israel. El otro es "*ger*", que se refiere a alguien que ha tenido una relación sanguínea con Israel en el pasado, pero que ahora no es parte de la nación. Como se apliquen exactamente estas palabras depende de quién las está usando y que sentido quiere darles. Como Kefa (Pedro) sabía que los Efraimitas habían sido dispersados a los cuatro vientos para cumplir las promesas dadas a Abraham y Yaakov, escribe su epístola a los extranjeros en la dispersión (Asiria) (es decir, a los Efraimitas).

Kefa Alef (1 Pedro) 1: 1
1 Kefa, apóstol de Yeshúa el Mesías, a los extranjeros en la dispersión [Asiria] en el Ponto, Galacia, Capadocia, Asia y Bitinia ....

Kefa sabía que los Efraimitas eran extranjeros (gerim, plural de *ger*) porque las profecías en Oseas y en otros lugares decían que algún día regresarían. Los Judíos que escribieron el Talmud seguramente también lo sabían, o no habrían estado siguiendo las migraciones de los Efraimitas. Sin embargo, en lugar de llamar a los Efraimitas *gerim* (extraños), los sabios llamaron a los Efraimitas "paganos perfectos", lo que significa que eran indistinguibles de los *goyim* (plural de *goy*).

En el "Talmud Tractate Yebamot 17A", los Judíos dictaminaron que los Efraimitas debían ser considerados como goyim (sin relación con Israel) desde ese momento en adelante. Esta es una de las razones por las que tantos de nuestros hermanos Judíos tienen dificultades para entender el "Misterio *de las Dos Casas"*: la etnicidad es fundamental para su conjunto de creencias. Creen que hay *Judíos* y que hay *goyim*. Creen que las doce tribus deben asimilarse a la tribu de Judah, y no entienden, ni aprecian, el papel que el resto de las tribus tienen que jugar, ya que resta valor a lo que ven como su papel preeminente.

Incluso aquellos judíos que *sí entendieron* que las diez tribus perdidas tenían que ser dispersadas, y que serían reagrupadas otra vez, no tenían idea de cómo podrían ser reagrupadas, las diez tribus perdidas, en la nación, porque sus linajes estaban desapareciendo rápidamente con la mezcla. La definición de *un Mesías* es la de un líder divino, que es ungido y que trae de vuelta a los perdidos y dispersos de Israel a la tierra de Israel y al pacto eterno. Pero, ¿cómo hará esto? Es lo que los Judíos deben haberse preguntado. ¿Cómo podría alguien traer a los Efraimitas de regreso, si ellos ya se habían asimilado completamente en medio de las naciones gentiles, y ya no había forma de identificar sus genealogías?

Cumpliendo las Profecías

En el último capítulo vimos cómo las diez tribus perdidas de Israel fueron enviadas a la dispersión por su desobediencia. ¿Pero, por cuánto tiempo estarían fuera? ¿Cuándo iban a regresar? Varias de las profecías nos dan respuestas a estas preguntas, y mucho más.

Le dijeron a Ezequiel que se acostara sobre su lado izquierdo durante 390 días. Cada día era un símbolo de un año en el que Efraim debía permanecer en la dispersión fuera de la tierra de Israel.

Yehezqel (Ezequiel) 4: 4-5
4 "Acuéstate también a tu lado izquierdo, y pon la iniquidad de la casa de Israel sobre él. Según el número de días que estés acostado sobre él, llevarás su iniquidad.
5 porque he puesto sobre ti los años de su maldad, según el número de días: trescientos noventa días; así llevarás la iniquidad de la casa de Israel [Casa de Efraim]".

Si las tribus perdidas se arrepentían después de los 390 años, volverían a casa; pero en el libro Levítico se nos dice que, aquellos que no se arrepienten al final de su tiempo de castigo, multiplicarían su tiempo de castigo por siete veces.

Vayiqra (Levítico) 26: 14-18
14 "Pero si no me obedecen, y no observan todos estos mandamientos,
15 y si desprecian Mis estatutos, o si su alma aborrece Mis juicios, para no cumplir todos Mis mandamientos, sino que rompen Mi pacto,

16 Yo también les haré esto; pondré sobre ustedes el terror, la enfermedad y fiebre que consumirá sus ojos, y causaré tormento a sus almas, sembrarán su semilla en vano, porque sus enemigos la comerán. 17 Pondré Mi rostro contra ustedes, y serán derrotados por sus enemigos. Los que los odian reinarán sobre ustedes, y huirán cuando nadie los persiga. 18 "Y después de todo esto, si [todavía] no me obedecen, entonces los castigaré siete veces más por sus pecados".

Los Asirios no sacaron a los Efraimitas de la tierra de Israel de una sola vez. Por el contrario, comenzaron a invadir alrededor del año 734 a.c., y posteriormente las campañas continuaron durante muchos años. Si usamos 734 como punto de partida y agregamos 390 años a eso, llegamos al 344 a.c. Claramente, Efraim no se arrepintió entonces, por lo que Yahweh multiplicó su castigo siete veces más, haciendo un total de 2.730 años.

Si el castigo de Efraim comenzó en el 734 a.c., entonces 2.730 años más tarde nos lleva al año 1996 d.c. Si este cálculo es correcto, entonces la nación Efraimita comenzaría a restaurarse a partir de ese momento; Y eso es exactamente lo que pasó. Aun cuando el movimiento Efraimita había comenzado algunas décadas antes, comenzó a florecer y crecer aún más rápido alrededor del año 1996, cuando Yahweh comenzó a quitar el castigo de Efraim.

La Escritura nos da varios testigos principales sobre la restauración de la casa de Efraim. Uno de estos testigos está en el libro de Oseas. Oseas fue un profeta del reino del norte de Efraim. Él estaba hablando acerca de los Efraimitas cuando profetizó:

Hoshea (Oseas) 6: 2
2 "Después de dos días Él nos revivirá;
En el tercer día Él nos levantará,
para que vivamos en Su presencia".

El apóstol Kefa (Pedro) nos dice que no olvidemos que un día profético para Yahweh equivale a mil años terrestres.

Kefa Bet (2 Pedro) 3: 8
8 Pero, amado, no te olvides de una cosa, que con Yahweh, un día es como mil años, y mil años como un día.

Si un día profético es como mil años, entonces los dos días proféticos de Oseas 6: 2 representan dos mil años terrestres. Por lo tanto, lo que dice Oseas es que después de dos mil años, los Efraimitas serán resucitados, para que puedan volver a vivir en el favor de Yahweh (Su presencia).

La frase "el tercer día" nos da una *remez* (sugerencia) de que esta profecía se relaciona con Yeshúa, ya que Él fue resucitado el tercer día.

Marqaus (Marca) 9:31
31 "Y después de que sea muerto, resucitará el tercer día".

Eruditos modernos nos dice que el Mesías nació alrededor del 4 a.C. Si añadimos dos mil años al 4 a.C., llegamos a aproximadamente el año 1996 a.C., que es el mismo año en el que Ezequiel 4 dice que se acabó el castigo de Efraim (arriba). Esto significa que ahora estamos en el tercer día profético, y es por eso que comenzamos a ver en todo el mundo la restauración de la casa de Israel.

Debido a que Abraham obedeció la voz de Yahweh, y estuvo dispuesto a sacrificar a su único hijo, Yahweh dijo que todas las familias de la tierra serían bendecidas en su simiente. Es importante que veamos que, este pasaje en particular, solo se refiere a la descendencia física de Abraham.

Bereshit (Génesis) 17: 4-8
4 "En cuanto a Mí, he aquí, Mi pacto está contigo, y serás padre de muchas naciones.
5 Ya no se llamará tu nombre Abram, sino que tu nombre será Abraham; porque te he hecho padre de muchas naciones.
6 Te haré sumamente fructífero; y haré de ti naciones, y reyes saldrán de ti.
7 Y estableceré Mi pacto entre Mí y ti y tu descendencia después de ti por sus generaciones, por pacto perpetuo, para ser tu Elohim después de ti y de tu descendencia después de ti.
8 También te daré a ti y a tu descendencia después de ti la tierra en que fuiste extranjero, toda la tierra de Canaán, como posesión perpetua; y seré su Elohim".

Los hijos de Abraham se volverían tan numerosos como las estrellas de los cielos, y como la arena que está a la orilla del mar, que no se puede numerar ni contar, porque Abraham obedeció la voz de Yahweh.

Bereshit (Génesis) 22: 15-18
15 Entonces el mensajero de Yahweh llamó a Abraham por segunda vez desde el cielo,

16 y dijo: "Por Mí mismo he jurado, dice Yahweh, Como has hecho esto, y no has retenido a tu hijo, tu único hijo,
17 Con bendición te bendeciré, y multiplicando multiplicaré tus descendientes como las estrellas del cielo y como la arena que está a la orilla del mar; y tus descendientes poseerán la puerta de sus enemigos.
18 Y En tu simiente serán benditas todas las naciones de la tierra, por cuanto obedeciste a Mi voz".

Las bendiciones anteriores hablan de multiplicidad física, pero también de una bendición espiritual de salvación, de modo que la relación divina que se perdió en el Jardín del Edén pueda ser restaurada. Yeshúa nos dice que la salvación es de los Judíos (Juan 4:22), pero las raíces de esta promesa se dan en Génesis 17, donde Elohim dijo que el pacto de redención y salvación en Yeshúa no vendría a través de Ismael, sino a través de Yitzhak (Isaac).

Bereshit (Génesis) 17: 19-21
19 Entonces Elohim dijo: "No, Sara tu mujer te dará a luz un hijo, y llamarás su nombre Yitzhak: estableceré Mi pacto con él como pacto perpetuo, y con su descendencia después de él.
20 Y en cuanto a Ismael, te he oído. He aquí, lo bendije, y lo haré fructífero, y lo multiplicaré en gran manera. Él engendrará doce príncipes, y le haré una gran nación.
21 Pero Mi pacto lo estableceré con Yitzjak, a quien Sara te dará a luz en este tiempo el año que viene".

Si miramos de cerca, en Génesis 28:14 (abajo) veremos que hubo dos bendiciones para Yaakov (Jacob)/Israel.

Una sería genética, refiriéndose a los descendientes físicos de Israel, mientras que la otra se referiría a la simiente de Yaakov, es decir, Yeshúa; y la salvación espiritual que vendría a través de Él.

Bereshit (Génesis) 28: 10-15

10 Y Yaakov salió de Beerseba y fue a Harán. 11 Entonces llegó a cierto lugar y se quedó allí toda la noche, porque el sol se había puesto. Y tomó una de las piedras de ese lugar y se la puso a la cabeza, y se acostó en ese lugar para dormir. 12 Entonces él soñó, y he aquí, una escalera se instaló en la tierra, y su cima llegó al cielo; y allí los ángeles de Elohim ascendían y descendían por ella. 13 Y he aquí, Yahweh se paró sobre ella y dijo: "Yo soy Yahweh, el Elohim de Abraham tu padre y el Elohim de Yitzhak, la tierra en la estás, te la daré a ti y a tu descendencia. 14 También tu descendencia será como el polvo de la tierra; te extenderás al oeste y al este, al norte y al sur; y en ti [genéticamente] y en tu simiente [Yeshúa] serán bendecidas todas las familias de la tierra. 15 He aquí, Yo estoy contigo y te guardaré dondequiera que vayas, y te haré volver a esta tierra; porque no te dejaré hasta que haya hecho lo que te he dicho".

Algunas personas tienen dificultades para creer que la genética de Abraham podría extenderse a todos los continentes del mundo y convertirse en parte de cada nación, cada tribu, cada clan y cada familia en el transcurso de cuatro mil años (más o menos). Pero ¿por qué deberíamos dudarlo? Los Israelitas siempre han sido personas amantes del comercio y les gusta mucho comerciar, y siempre han ido a donde haya dinero para ganar. Las rutas comerciales antiguas se dirigieron al sur, hacia África, y al este, hacia India y China, y la arqueología nos muestra que los antiguos Israelitas también viajaron a América. Entonces, si los Israelitas estaban en África, Asia, América y Europa, ¿por qué deberíamos sorprendernos de que la genética de Abraham se abriera paso en cada nación, cada clan y cada familia durante un largo período de cuatro mil años?

Si vertimos cloro en un extremo de una piscina, eventualmente se difundirá a través de toda la piscina. Ahora consideremos que la genética Israelita fue infundida en la piscina de los genes de la humanidad, dondequiera que hubiera rutas comerciales, por tierra y por mar, había un Israelita. ¿Cuán difícil es impregnar el acervo genético del mundo, cuando lo relacionas con la genética Israelita en muchas rutas diferentes, durante milenios?

Hipotéticamente, incluso si un hombre en algún lugar de la tierra (por ejemplo, en la selva amazónica) no tuviera ninguna de las características genéticas de Abraham, aún podría injertarse en la nación de Israel por la fe. La genética no es un problema. De hecho, la idea de injertarse en la nación por la fe es anterior a Yeshúa. Por ejemplo, Rahab se unió a la nación de Israel, a pesar de que ella era una cananea (Josué 6), y Ruth, la Moabita, se convirtió en la bisabuela del rey David, ella se convirtió en israelita en el momento en que dio su lealtad a Yahweh.

Rut 1:16
16 Pero Rut dijo: "No me hagas abandonarte, ni apartarme de ti, porque dondequiera que fueres, iré, y dondequiera que vivas, viviré, tu pueblo será mi pueblo, y tu Elohim mi Elohim".

Si bien Yahweh ha usado ciertos grupos genéticos de personas para cumplir Sus propósitos, en última instancia, las Escrituras no son un libro que trata sobre genética; las Escrituras son un libro sobre como mostrar nuestra lealtad y obediencia a Yahweh y sobre cómo convertirnos en la mejor Novia posible para Él. La genética solo nos muestra los medios históricos por los cuales Yahweh eligió cumplir Sus profecías.

Las diez tribus entraron en la dispersión, a pesar de sus genes. Con humildad y obediencia les habría ido mucho mejor. Aun así, ayuda a comprender la mecánica de lo que sucedió históricamente. El sueño de Yaakov, registrado en Génesis 28, nos ayuda a comprender que las profecías solo podrían cumplirse mediante la dispersión de las tribus. Leámoslo más detalladamente, ya que hay algunas cosas que los eruditos Judíos y Cristianos a menudo pasan por alto.

Bereshit (Génesis) 28: 10-15
10 Y Yaakov salió de Beersheva y fue hacia Harán.
11 Y llegó a cierto lugar y pasó allí la noche, porque el sol se había puesto. Y tomó de las piedras del lugar y las puso a su cabecera; y se acostó en ese lugar.
12 Y soñó; ¡y he aquí! Una escalera se instaló en la tierra, y su parte superior se extendía hacia el cielo. ¡Y he aquí, los ángeles de Elohim subían y bajaban!
13 ¡Y he aquí! Yahweh se paró sobre ella y dijo: "Yo soy Yahweh, el Elohim de tu padre Abraham, y el Elohim de Isaac. La tierra en la que estás, te la entrego a ti [genéticamente] y a tu simiente.
14 Y será tu simiente como el polvo de la tierra, y [los hijos de Israel] se extenderán al este, y al oeste, y al norte y al sur; y todas las familias de la

tierra serán bendecidas en ti [genéticamente]; y [en] tu Semilla [Yeshúa].

15 Y ¡he aquí! Estaré contigo y te protegeré en todos los lugares a donde vayas, y te traeré de regreso a esta tierra. Porque no te desampararé hasta que haya hecho todo lo que te he dicho".

En Gálatas 3:16, el apóstol Shaul (Pablo) nos dice que esta palabra "simiente/semilla" es singular, y se refiere a Yeshúa.

Galatim (Gálatas) 3:16
16 Ahora bien, a Abraham y a su simiente fueron hechas las promesas. Él no dice: "Y a las simientes", como a muchos, sino a uno, "Y a tu simiente", El cual es el Mesías.

Hay dos bendiciones en Génesis 28:14. Además de ser bendecidas en Yeshúa, las familias de la tierra también serían bendecidas en Yaakov, y ahora podrían recibir la salvación en Yeshúa, porque tendrían la genética justa de Yaakov. Por supuesto, todavía necesitan aceptar a Yeshúa, y ser llenos de Su Espíritu; sin embargo, debido a que el Cristianismo no comprende el componente genético, solo entienden el injerto por fe. Lamentablemente, esto produce una imagen torcida.

Galatim (Gálatas) 3: 26-29
26 Porque todos son hijos de Elohim por la fe en el Mesías Yeshúa.
27 Porque todos los que fueron sumergidos en el Mesías se han revestido del Mesías.
28 No hay Judío, ni Griego [Helenizado]; no hay esclavo ni libre, no hay varón ni mujer; porque todos ustedes son uno en el Mesías Yeshúa.

29 Y si son del Mesías, entonces son descendencia de Abraham, y herederos según la promesa.

Los Cristianos entienden que, si somos injertados por gracia mediante la fe en el Mesías Yeshúa, entonces somos herederos de la promesa de salvación, pero ellos no entienden la necesidad de un componente genético literal. Ya que, si no hay un componente genético, entonces no hay forma de que Yahweh cumpla la promesa que le dio a Israel en Génesis 28: 13-15, de que llevaría a sus descendientes hacia los cuatro vientos, bendiciendo a todas las familias de la tierra en su genética, y luego trayendo un remanente de sus descendientes de vuelta a la tierra de Israel.

Bereshit (Génesis) 28: 13-15
13 Y ¡he aquí! Yahweh se paró sobre ella y dijo: "Yo soy Yahweh, el Elohim de tu padre Abraham, y el Elohim de Isaac. La tierra en la que estás, te la entrego a ti [genéticamente] y a tu simiente.
14 Y será tu simiente como el polvo de la tierra, y [los hijos de Israel] se extenderán al occidente, y al oriente, y al norte y al sur; y todas las familias de la tierra serán bendecidas en ti [genéticamente]; y [en] tu semilla [Yeshúa].
15 Y ¡he aquí! Estaré contigo y te protegeré en todos los lugares a donde vayas, y te traeré de regreso a esta tierra. Porque no te desampararé hasta que haya hecho todo lo que te he dicho".

Luego, en Génesis 35: 10-12, se nos dice que Israel sería padre de "una nación" (Judah) y una "compañía de naciones" (las naciones Cristianas de Europa).

Bereshit (Génesis) 35: 10-12
10 Y Elohim le dijo: "Tu nombre es Yaakov, tu nombre ya no se será Yaakov, sino que Israel será tu nombre". Así que Él llamó su nombre Israel.
11 También Elohim le dijo: "Yo soy el Elohim Todopoderoso. Fructifica y multiplícate, una nación [Judía] y una compañía de naciones [Cristianas] procederán de ti, y reyes saldrán de tus lomos.
12 Te doy la tierra que di a Abraham e Isaac; y a tu descendencia después de ti Yo doy esta tierra".

Algunas personas argumentan que los Judíos de hoy no son realmente Judíos, ya que muchos de ellos descienden de las razas europeas blancas. Sin embargo, como vimos anteriormente, cuando alguien se une a la nación de Israel y le da su lealtad a Yahweh, se convierte en un Israelita. Este principio se extiende tanto a la nación Judía como a los Efraimitas. Si alguien se une a la nación Judía y permanece como Judío, se convierte en Judío, sin importar de que etnia solía ser.

Sorprendentemente, algunas personas afirman que el versículo 11 se refiere a Ismael (el pueblo Musulmán). Sin embargo, esto no puede ser, ya que se nos dice que la "compañía de naciones" descendería de Yaakov, mientras que los Musulmanes descienden de Ismael. Sin embargo, varias profecías nos dicen que después de algunas grandes guerras en el Medio Oriente, muchos de los Musulmanes también se convertirán a la adoración de Yahweh.

Yeshayahu (Isaías) 19: 23-25
23 En aquel día habrá un camino de Egipto a Asiria, y el Asirio vendrá a Egipto y el Egipcio a Asiria, y los Egipcios servirán con los Asirios.

135

24 En aquel día Israel será uno de tres con Egipto y Asiria, una bendición en medio de la tierra,
25 a quien Yahweh de los ejércitos bendecirá, diciendo: "Bienaventurado Egipto pueblo Mío, y Asiria obra de Mis manos, e Israel Mi heredad".

Judah y Efraim ahora están esparcidos por todos los rincones de la tierra. Se han mezclado con cada tribu, lengua y pueblo. Cada nación, cada clan y cada familia está bendecida con la genética de Israel y por esto son capaces de recibir a Yeshúa.

Las Dos Casas en el Pacto Renovado

Y hemos hablamos antes sobre la dispersión de Asiria, y cómo Yahweh envió a los Asirios para llevarse a Efraim, pero ellos no fueron los únicos a los que se llevaron los Asirios. También se llevaron a algunas personas de las tribus del sur (Judah y Benjamín). Esta puede ser una de las razones por la cual Yaakov (Santiago) escribe su epístola no solo a las diez tribus de la dispersión, sino a las doce.

Santiago 1:1 1 "Yaakov (Jacobo/Santiago), servidor de Elohim y del Maestro Yeshúa el Mesías, a las doce tribus que están en la diáspora: Saludos".	BGT Santiago 1:1 Ἰάκωβος θεοῦ καὶ κυρίου Ἰησοῦ Χριστοῦ δοῦλος ταῖς δώδεκα φυλαῖς ταῖς ἐν τῇ διασπορᾷ χαίρειν.

Mientras que el término *dispersión* (διασπορᾷ) normalmente se refiere a las diez tribus del norte, también es correcto que Yaakov se dirija a las doce tribus. Sin embargo, lo que necesitamos ver es que él no está dirigiéndose a Cristianos ni Israelitas, sino a las doce tribus de Israel.

El apóstol Kefa (Pedro) también se dirige a los de la dispersión, llamándolos "expatriados" (παρεπιδήμοις).

1 Pedro 1: 1 1 "Kefa, un emisario de Yeshúa el Mesías a los Elegidos:	BGT 1 Pedro 1:1 Πέτρος ἀπόστολος Ἰησοῦ Χριστοῦ ἐκλεκτοῖς

expatriados de la dispersión en Pontos, Galacia, Capadocia, Asia y Bitinia;"	παρεπιδήμοις διασπορᾶς Πόντου, Γαλατίας, Καππαδοκίας, Ἀσίας καὶ Βιθυνίας

Como se indicó anteriormente en este libro, hay dos palabras para decir *gentil* en Hebreo. Uno es *ger* que es alguien que solía ser parte de la nación de Israel, pero que se ha alejado y ahora está distanciado. Por el contrario, un *goy* es un gentil que no tiene ninguna relación con la nación de Israel. Mientras tratas amablemente a los *goyim* (plural de *goy*), se deben mantener fuera de tu asamblea.

La iglesia Cristiana nos dice que Kefa se está dirigiendo a los goyim, porque la iglesia cree que Yeshúa vino a poner fuera a Israel y reemplazarlos con los goyim. Sin embargo, eso no encaja en el contexto de las Escrituras. Tiene más sentido que Kefa escriba a los *gerim* (plural de ger), porque los llama "un linaje escogido" y "una nación santa", que es algo que los goyim nunca podrán ser. También cita a Oseas, diciéndoles que son las diez tribus perdidas de Efraim las que son llamadas nuevamente al pacto.

Kefa Alef (1 Pedro) 2: 9-10
9 Pero ustedes son una generación escogida, un real sacerdocio, una nación apartada, un pueblo adquirido, para proclamar las excelencias de Aquel que los llamó de las tinieblas a Su luz admirable.
10 Ustedes, que no eran un pueblo (Lo-Ammi), pero ahora son el "pueblo de Elohim (Ammi)"; al que antes no se les compadecía (Lo-Ruhamah), pero ahora son compadecidos (Ruhamah).

Esta es una referencia clara y directa a Oseas 1: 8-10, que vimos anteriormente.

Hoshea (Oseas) 1: 8-10
8 Cuando ella había destetado a Lo-Ruhamah, concibió y dio a luz un hijo.
9 Entonces Elohim dijo: "Llama su nombre Lo-Ammi, porque tú no eres Mi pueblo, y no seré Tu Elohim.
10 Sin embargo, el número de los hijos de Israel será como la arena del mar, que no se puede medir ni numerar. Y acontecerá en el lugar donde se les dijo: No son Mi pueblo, allí se les dirá: Ustedes son hijos del Elohim viviente".

El apóstol Shaul (Pablo) también cita a Oseas para mostrar que los gerim que están regresando, son en realidad Efraimitas.

Romim (Romanos) 9: 24-26
24 ... incluso a los que llamó, no solo de los Judíos, sino también de los gentiles [Efraim]
25 Como también dice en Oseas: "llamaré pueblo Mío [Ammi] a los que no fueron Mi pueblo [Lo Ammi], y amada [Ruhamah], a la que no fue amada [Lo Ruhamah]".
26 "Y acontecerá que en el lugar donde se les dijo: "No eres Mi pueblo", allí serán llamados hijos del Elohim viviente".

Los Apóstoles Kefa y Shaul están diciendo que las diez tribus perdidas están siendo llamadas para "volver" a unirse a la nación de Israel, por lo que habrá nuevamente doce tribus.

Por el contrario, la iglesia Cristiana enseña, lo que se conoce como *la teología del reemplazo*, Con lo cual dicen que la iglesia reemplazó (o eliminó) a los Judíos. El apóstol Shaul, en contraste, les dice a los Efraimitas claramente que Yahweh no ha desechado a sus hermanos Judíos.

Romim (Romanos) 11: 1-2
1 Digo pues, ¿Elohim ha desechado a Su pueblo [para siempre]? Elohim no lo quiera, porque yo también soy Israelita, de la simiente de Abraham, de la tribu de Benjamín.
2 Elohim no ha desechado a su pueblo a quien antes conoció.

Recordando que Yahweh trabaja en patrones, reconocemos el mismo patrón desde el tiempo de Jeroboam, cuando Israel se convertiría en la nueva casa principal (siempre que obedecieran la Torah de Yahweh). Los Judíos iban a ser afligidos (pero no para siempre).

Melajim Alef (1 Reyes) 11:39
39 Y afligiré a la descendencia de David [los Judíos] a causa de esto, pero no para siempre.

El apóstol Shaul también intentó dejar en claro que esta aflicción no sería permanente, sino solo por un tiempo (y un propósito).

Romim (Romanos) 11:11
11 Digo, pues, ¿han tropezado para que cayeran? ¡Ciertamente no!

El Apóstol Shaul dice que Judah también aceptará a Yeshúa, tan pronto como Efraim haya cumplido la Gran Comisión y hayan difundido la verdadera Buena Nueva hasta los confines de la tierra, y la plenitud de los gentiles haya entrado.

Romim (Romanos) 11: 25-27
25 Porque no deseo, hermanos, que ignoren este
secreto, para que no sean sabios en su propia
opinión: que en parte la ceguera ha sucedido a
Israel [es decir, a ambas Casas en este pasaje]
hasta que la plenitud de los gentiles [Efraim] haya
entrado.
26 Y así se salvará todo Israel [ambas casas],
como está escrito: "El Libertador saldrá de Sion, y
apartará la iniquidad de Yaakov (Jacob) [citando
Isaías 59:20];
27 "Porque este es Mi pacto con ellos, cuando
quite sus pecados [citando Isaías 27:9]".

Algunas veces los Efraimitas piensan que tienen toda la
verdad, mientras que Judah no tiene ninguna. ¡Esto es
un error! Como veremos, ambas casas fueron
parcialmente cegadas por un tiempo y un propósito.
Efraim conocería a Yeshúa, pero rechazaría la Torah.
Esto fue para que los Cristianos pudieran llevar su
versión *sin-Torah* de las Buenas Nuevas a los confines
de la tierra. Judah, por el contrario, estaría ciego a
Yeshúa, porque su trabajo sería preservar la herencia
hasta que Efraim pudiera volver a casa. Sin embargo,
Shaul nos dice que finalmente Judah también llegará a
conocer a Yeshúa, porque la elección de los Judíos
como hijos del pacto es irrevocable.

Romim (Romanos) 11: 28-29
28 En cuanto, a las Buenas Nuevas, son enemigos
por amor a ustedes, pero en cuanto a la elección,
son amados a causa de los padres;
29 porque los dones y el llamamiento de Elohim
son irrevocables.

Ni el Cristianismo sin-Torah ni el Judaísmo sin Yeshúa
son suficientes. Efraim es como una mujer que insiste

en que ama a su esposo, pero que no quiere hacer lo que Él pide. Por el contrario, Judah hace gran parte de lo que Yeshúa pide, pero usa su obediencia parcial como una excusa para dejarlo fuera de su propio hogar. Curiosamente, ambos esperan ser tomados en matrimonio. Sin embargo, hasta el momento en que crean en Él, obedezcan Sus mandamientos y se sometan continuamente a Su Espíritu en amor, su adoración por Él está muy lejos de estar completa.

Más de cien años después de que las diez tribus del norte fueran exiliadas a la Diáspora Asiria, los Judíos del reino del sur fueron llevados en un exilio propio. Este segundo exilio Judío, conocido como el *Exilio de Babilonia*, duró aproximadamente setenta años. Al final de ese tiempo, aproximadamente el 10 por ciento de los Judíos regresaron a la tierra de Israel (en los días de Esdras y Nehemías). El otro 90 por ciento permaneció en Babilonia, donde las condiciones de vida eran más fáciles. Al igual que los Efraimitas, los Judíos se casaron y asimilaron en la cultura Babilónica. Luego, como resultado de la conquista militar, el comercio y otros factores, la simiente de Judah también se extendió hacia los cuatro vientos, en cumplimiento de las profecías dadas a Abraham y a Yaakov. Debido a esto, el apóstol Kefa compara, poéticamente, su llamado (de los Judíos) al de sus hermanos Efraimitas.

Kefa Alef (1 Pedro) 5:13
13 La que está en Babilonia [el 90% de Judah todavía afuera en el exilio Babilónico], elegida junto con ustedes [las diez tribus perdidas que todavía están en la diáspora] te saluda: también mi hijo [discípulo], Marcos.

El simbolismo y la poesía son comunes en la literatura Judía, y el apóstol Kefa no es el único que ocupa esto.

El apóstol Juan usa a Lea y Raquel como símbolos de sus respectivas casas (Judah y Yosef/Efraim). Él dice que todos aquellos (Judíos) que han conocido la verdad aman a sus hermanos Efraimitas.

Yojanán Bet (2 Juan) 1: 1
1 El anciano [hermano, es decir, la casa de Judah], a la mujer escogida [Raquel] y sus hijos [es decir, la casa de Yosef (José) / Efraim], a quien amo en verdad; y no solo yo, sino también aquellos que conocen la verdad.

Juan era de la casa de Judah, y Judah nació de Lea. Él les dice a los Efraimitas que los niños (los Judíos) de su hermana elegida (Lea) los saludan.

Yojanán Bet (2 Juan) 1:13
13 Los niños [es decir, la casa de Judah] de tu hermana elegida [Lea] te saludan: Amen.

Yeshúa habla del regreso de los Efraimitas en la parábola del hijo pródigo. La iglesia Cristiana enseña que esta parábola no es más que una bella historia sobre un pecador descarriado que se arrepiente de su pecado. Sin embargo, recordando que el nombre de Efraim literalmente significa *prodigioso* (o doble fruto), y que Judah es más viejo que Efraim, permíteme entender esta parábola como una imagen profética del regreso de las diez tribus perdidas.

Luqa (Lucas) 15: 11-19
11 Y Yeshúa dijo: Cierto Hombre (Yahweh) tuvo dos hijos.
12 Y el menor de ellos [Efraim] le dijo a su Padre: "Padre, dame la parte de los bienes que me pertenece", y Él dividió la herencia entre ellos.

13 Y no muchos días después, recogiendo todas las cosas, el hijo menor [Efraim] se fue a un país distante [en la Dispersión Asiria]; y allí malgastó sus bienes [la ley y el idioma], viviendo de manera disoluta [convirtiéndose en un "perfecto pagano"].

14 Pero habiendo perdido todos sus bienes, vino una gran hambruna [hambre de alimento espiritual, profetizada en Amós 8:11] a través de ese país; y comenzó a tener necesidad.

15 Y yendo, se unió a uno de los ciudadanos de ese país [el Papa]; el cual lo envió a sus campos, para alimentar a los cerdos [ídolos].

16 Y anhelaba llenar su estómago con las vainas que los cerdos comían; pero nadie le dio nada [que lo sostenga espiritualmente].

17 Pero volviendo en sí [en la Reforma Protestante], dijo: "Cuántos de los siervos de mi Padre tienen muchos panes [el pan es simbólico de la Torah]; ¡y yo estoy pereciendo de hambre!"

18 "Me levantaré, e iré a mi Padre y le diré: ¡Padre, he pecado contra el cielo y contra ti,

19 ya no soy digno de ser llamado tu hijo; Hazme como uno de tus empleados!".

Como mencionamos anteriormente, mientras las diez tribus perdidas se dispersaron en las cuatro direcciones, la mayor parte de ellas emigraron al norte y al oeste, con el ascenso y la caída de los imperios. Finalmente, sus migraciones terminaron en lo que luego se convertiría en el noroeste protestante de Europa. Después de que los Católicos hubieran dominado Europa durante unos 1.260 años, los hijos de Efraim se separarían del Papa (es decir, el cuerno pequeño), y comenzarían a buscar el rostro de Yahweh directamente. Como resultado, Yahweh los bendijo con más prosperidad y más logros tecnológicos de los que nunca se habían imaginado.

Luqa (Lucas) 15: 20-24
20 Y levantándose [en la Reforma Protestante] vino a su Padre; pero aun estando muy lejos [de la fe Nazarena original], su Padre lo vio y se conmovió; y corriendo, se arrodilló y lo besó fervientemente [aunque todavía era un Cristiano protestante].
21 Y el hijo [Efraim] le dijo:
¡Padre, he pecado contra el cielo y contra ti, ya no soy digno de ser llamado tu hijo!
22 Pero el padre dijo a sus siervos: "Saquen la mejor ropa, y vístanlo [literalmente, el manto de José], y pónganle un anillo en su mano [el sello de José], y sandalias en sus pies".
23 ¡Traigan el becerro engordado y degüéllenlo! ¡Y comamos y alegrémonos!;
24 porque este hijo [Efraim] mío, ¡muerto era y está vivo otra vez!; ¡se perdió, y ha sido encontrado!" Y comenzaron a regocijarse.

En la parábola, cuando el Padre vio a Efraim que venía muy lejos, corrió hacia él, se postró sobre su cuello y lo besó, esto es un símbolo de cómo Yahweh bendijo a las naciones protestantes más allá que todas las demás, simplemente por buscar Su rostro. Esta es una fuente de resentimiento para Judah, que ha guardado la Torah por milenios, sin haber recibido las mismas bendiciones de seguridad y prosperidad que los Protestantes han disfrutado.

Luqa (Lucas) 15: 25-28
25 Pero su hijo mayor [Judah] estaba en el campo; y al acercarse, mientras se acercaba a la casa [templo], escuchó música y danzas.
26 Y habiendo llamado a uno de los criados, [Judah] inquirió acerca de lo que esto podría ser;

27 y él le dijo: "Tu hermano [Efraim] vino, y tu Padre mató al becerro gordo, porque lo recibió sano y salvo". 28 Pero él [Judah] se enfureció, y no deseaba entrar. Entonces, saliendo, su Padre le suplicó.

Judah está indignado de que Efraim, después de despreciar su herencia (como lo hizo Esaú), aun así fuera bienvenido a casa.

Luqa (Lucas) 15: 29-31
29 Pero respondiendo, él [Judah] le dijo al Padre: ¡Mira!, ¿cuántos años te he servido, y nunca viole un mandamiento tuyo? ¡Pero nunca me diste una cabra joven, para que pudiera regocijarme con mis amigos! 30 Pero cuando vino este hijo tuyo [ni siquiera llama a Efraim su hermano], el que devoró tu herencia con prostitutas [ídolos, figurillas, falsas tradiciones religiosas, fechas de festivales falsos, sitios de festivales falsos, etc.] ¡mataste al becerro gordo para él! 31 Pero él le dijo: ¡Hijo, tú siempre estás conmigo, y todas mis cosas son tuyas! ¡Pero hay que estar feliz y regocijarse! ¡Porque este hermano tuyo estaba muerto, y ha revivido! ¡estaba perdido, y ahora apareció!

Debido a que los Judíos mataron a Yeshúa, los Cristianos a veces pueden tener dificultades para entender por qué Judah permanece incrédulo. Sin embargo, Judah ha guardado una variación de la Torah durante miles de años, a pesar de que Efraim lo persiguió por ello. Efraim sometió a Judah a repetidas persecuciones, inquisiciones, cruzadas y masacres. Judah está molesto de que aun cuando Efraim se alejó del pacto, adora ídolos y cambió la Torah, y con todo esto, aun así, el Padre ordena a Sus siervos que vistan a Efraim con la mejor túnica (es decir, la túnica de colores de Yosef), le den un anillo de autoridad (Anillo con el sello de Yosef), y pongan sandalias en sus pies (ya que los esclavos iban descalzos). En la mente de Judah, esto es una tremenda injusticia.

La Escritura nos dice que el final se conoce desde el principio; por lo tanto, la clave para comprender este giro de los acontecimientos es comprender la alusión al manto de Yosef (José). En Génesis, Judah vendió a Yosef como esclavo; y Yosef más tarde fue a prisión por un crimen que nunca cometió. Esto es un símbolo de cómo Judah expulsó a los Nazarenos del templo por creer en Yeshúa (lo que está muy lejos de ser un crimen). Por lo tanto, es correcto que Yahweh acogiera al hijo pródigo (es decir, a Yosef/Efraim) de vuelta a casa.

Yosef sirvió al Faraón honorablemente, y sus habilidades otorgadas por Elohim le dieron gran poder y prestigio. Finalmente pudo usar su posición para salvar la vida de numerosas personas, incluidos su padre y sus hermanos. Durante muchos años se pensó que los Cristianos eran el poder subyacente en América, y los Cristianos de América históricamente han exigido que sus líderes apoyen al Estado de Israel (al menos desde 1948).

La separación de Yosef de su familia también es significativa. La separación (consagración) del propio pueblo es altamente considerada en las Escrituras. Aunque Yahweh creó al hombre como un ser social (Génesis 2:18), hay algunas circunstancias en las cuales los hombres deben ser separados de sus hermanos (e incluso de la vida normal) para poder servir mejor a Yahweh. En el lenguaje de las Escrituras, se considera que estos individuos están separados del mundo. Si bien este tipo de separación conduce a pruebas, se asocia con la bendición eterna.

Aunque las doce tribus están en los cuatro ángulos de la tierra, los eruditos a veces asocian a los Estados Unidos con la tribu profética de Efraim/Yosef. Muchos de los primeros colonos norteamericanos llegaron para escapar de la persecución religiosa en Europa y buscaron la libertad para seguir las Escrituras como ellos consideraban conveniente. En cierto sentido, tuvieron que abandonar involuntariamente sus antiguos países, tal como lo hicieron al ir a Egipto involuntariamente (por la hambruna). Del mismo modo, las bendiciones que Israel le dio a Yosef hablan de una tierra que se asemeja a América.

Bereshit (Génesis) 49: 25-26
25 "Por el Elohim de tu padre que te ayudará. Por el Todopoderoso que te bendecirá con bendiciones de los cielos de arriba, con bendiciones del abismo que yace debajo, con bendiciones de los pechos y del vientre.
26 Las bendiciones de tu padre han superado las bendiciones de mis antepasados, hasta el límite de las colinas eternas. Estos estarán sobre la cabeza de Yosef, y sobre la corona de la cabeza de aquel que fue separado de sus hermanos".

Moshé (Moisés) también le da a Yosef una bendición especial por haber sido separado de sus hermanos.

Devarim (Deuteronomio) 33: 13-16
13 Y a Yosef, dijo: "Bendita de Yahweh es su tierra. Con las cosas preciosas del cielo, con el rocío y la profundidad que yace debajo,

14 Con los preciosos frutos del sol, con los preciosos productos de los meses,

15 Con las mejores cosas de los montes antiguos, con las cosas preciosas de las colinas eternas,

16 Con las cosas preciosas de la tierra y su plenitud, y el favor de Aquel que moraba en la zarza. Que esta bendición venga sobre la cabeza de Yosef, y sobre la corona de la cabeza de aquel que fue separado de sus hermanos".

Yahweh permitió que Yosef entrara en Egipto delante de sus hermanos, para preservar su vida mediante una gran liberación. En esto, Yosef es un tipo prefigurado del Mesías.

Bereshit (Génesis) 45: 5, 7

5 "Pero ahora, no se entristezcan ni se enojen con ustedes mismos porque me vendieron aquí; porque Elohim me envió delante de ustedes para preservar la vida.

7 Y Elohim me envió delante de ustedes para preservar una posteridad para ustedes en la tierra; y salvar sus vidas con una gran salvación".

Anteriormente vimos que los apóstoles entendieron el papel de Efraim en el cumplimiento de la profecía. También está claro que los apóstoles sabían que las dos casas algún día se reunirían, razón por la cual le preguntaron a Yeshúa si él iba a restaurar el reino de la casa de Israel en ese momento.

Ma'asei (Hechos) 1: 6

6 Por eso, cuando se juntaron, le preguntaron [a Yeshúa], diciendo: "Maestro, ¿restaurarás el reino en este tiempo a [la casa de] Israel?"

El tiempo para restaurar el reino, literal, de la casa de Israel no era en ese momento [ni lo es aún, en el momento de escribir este libro, el año 2014]. Sólo era el momento de que los discípulos de Yeshúa comenzaran a formar un reino espiritual internacional. Reunirían a los hijos perdidos de Yosef [las ovejas perdidas de la casa de Israel], que habían sido enviados por delante de ellos a los cuatro rincones de la tierra. El proceso fue interrumpido por el Papa (que construyó un reino espiritual alternativo en todo el mundo), pero una vez que terminó el cautiverio de Efraim [aproximadamente en 1996], el Espíritu comenzó a traer un remanente de los hijos pródigos (derrochadores) e irreverentes de Efraim al pacto, generación tras generación, por el Espíritu de Yeshúa, el gran Libertador.

Yeshúa Reprende a los Rabinos

Cuando el Profeta Eliyah (Elías) huyó de Acab y Jezabel, se fue a vivir al Monte Sinaí (que es Horeb). Mientras estaba allí, vino a él "una voz" de Yahweh.

Melajim Alef (1 Reyes) 19:11-13
11 Entonces dijo: "Sal fuera, y párate en la montaña delante de Yahweh". Y he aquí, Yahweh pasó, y un gran y fuerte viento rompió en los montes y quebró las rocas en pedazos delante de Yahweh, pero Yahweh no estaba en el viento; y después del viento un terremoto, pero Yahweh no estaba en el terremoto;
12 y después del terremoto un fuego, pero Yahweh no estaba en el fuego; y después del fuego una pequeña voz.
13 Cuando Eliyah oyó esto, se cubrió la cara con su manto, salió y se detuvo a la entrada de la cueva. De repente, una voz se le acercó y le dijo: ¿Qué estás haciendo aquí, Eliyah?

Aun cuando Yahweh puede hablar en una voz audible, por lo general, Él habla en voz baja y apacible. Las personas experimentan esta *"pequeña voz"* de diferentes maneras, pero el punto principal es que Él quiere que lo escuchemos continuamente y lo obedezcamos, ya que así es como Él guía los pasos de los sabios.

Yeshayahu (Isaías) 30:21
21 Entonces tus oídos oirán una palabra detrás de ti, diciendo: "Este es el camino, anda por él", Siempre que te vuelvas a la mano derecha o cada vez que gires a la izquierda.

Yahweh deja claro que no solo debemos obedecer Sus mandamientos escritos, sino que también quiere que obedezcamos Su voz.

Devarim (Deuteronomio) 13:4
4 Andarás tras Yahweh tu Elohim, le temerás, guardarás Sus mandamientos y obedecerás Su voz. Le servirás y a Él te aferrarás.

Yahweh nos dice que si obedecemos Su voz y guardamos Su pacto (ambos juntos), entonces seremos un tesoro especial para Él sobre todos los pueblos. ¿No es eso lo que queremos?

Shemot (Éxodo) 19:5
5 Ahora pues, si obedecen Mi voz y guardan Mi pacto [la Torah], entonces serán un tesoro especial para Mí sobre todo los pueblos; porque toda la tierra es Mía.

Yahweh es un Padre amoroso, y usa Su voz para advertirnos que evitemos los problemas. En el Jardín del Edén, Yahweh les dijo a Adam y a Havah (Eva) que no comieran del árbol del conocimiento del bien y del mal. Sin embargo, la serpiente le dijo a Havah que ella podría desobedecer a la voz de Yahweh y seguir viviendo. La serpiente también insinuó que ya no necesitaría escuchar u obedecer la voz de Yahweh, porque ella misma se volvería como Elohim, sabiendo decidir por sí misma lo que era bueno y que era malo.

Bereshit (Génesis) 3: 4-5
4 Entonces la serpiente le dijo a la mujer: "Ciertamente no morirás.
5 Porque Elohim sabe que el día que coman de él, serán abiertos sus ojos, y serán como Elohim, sabiendo el bien y el mal".

Satanás tentó a Havah sugiriéndole que él sabía lo que era mejor para ella. Sin embargo, ella no pudo discernir qué era lo mejor; ella solo pensó que podía. Havah fue engañada, y como ya vimos antes, Havah simboliza a Israel.

Havah dejó de escuchar la voz de Yahweh, y como dejó de escucharla, dejó de obedecer. Tal como un niño perdería la gracia de su padre si se negara a escuchar la voz de su padre, Havah también cayó en desgracia.

No es suficiente para nosotros solo saber quién es Yahweh; y no es suficiente para nosotros solo obedecer Su Torah escrita. Yahweh quiere una relación de amor con nosotros, de modo que escuchemos Su pequeña voz espiritual y la obedezcamos. Esto restaurará la comunicación interrumpida que se perdió en el Jardín del Edén.

En capítulos anteriores vimos cómo las diez tribus del norte de Efraim, habían sido enviadas a la Dispersión Asiria por causa de la desobediencia. Efraim había sido expatriado hace más de cien años cuando Jeremías les dijo a los Judíos que, a menos que tomaran en serio la voz de Yahweh y obedezcan Su voz, también irían al exilio.

Yirmeyahu (Jeremías) 7: 23-24
23 "Pero esto es lo que les mandé, diciendo: "Obedezcan Mi voz, y yo seré Su Elohim, y ustedes serán Mi pueblo. Y caminen por todos los caminos que les he mandado, para que les vaya bien".
24 Sin embargo, no obedecieron ni inclinaron su oído a Mí, sino que siguieron los consejos y los dichos de sus malvados corazones, y fueron hacia atrás y no hacia adelante".

Judah estaría en cautiverio en Babilonia setenta años, después de los cuales Yahweh los traería a casa.

Yirmeyahu (Jeremías) 29:10
10 Porque así dice Yahweh: "Después de que se cumplan setenta años en Babilonia, Te visitaré, y cumpliré contigo Mi buena palabra, y Te haré volver a este lugar"

Sin embargo, durante los próximos setenta años, los cimientos de la fe Judía se vieron alterados sutilmente.

Así como los Asirios reubicaban a las personas que habían conquistado y los alentaban a asimilarse, los Babilonios también dispersaban a los pueblos que conquistaban y los alentaban a asimilarse. Los Babilonios esparcieron a los que habían conquistado dentro de sus propias fronteras, los trataban bien y los alentaban a convertirse en ciudadanos Babilónicos. Esta estrategia fue muy efectiva. Cuando la gente veía que tenían una vida materialmente rica en Babilonia, no solo no dejaron de resistirse a la asimilación, sino que muchos de ellos perdieron el deseo de regresar a sus países de origen.

Todo esto condujo a una crisis de liderazgo dentro de la nación Judía. La orden Levítica no podría sobrevivir sin un templo, porque sin un templo, la gente no tenía un lugar para llevar sus diezmos y ofrendas, y sin financiación, la orden Levítica pronto colapsó. Esto dejó al pueblo Judío sin liderazgo espiritual, y sin este liderazgo la gente pronto comenzó a perder su sentido de identidad nacional, y comenzaron a asimilarse en Babilonia.

El sacerdocio Levítico tuvo que formar un nuevo sacerdocio sustituto inmediatamente, así que un nuevo sacerdocio de *rabinos* (literalmente, *grandes*) nació para la ocasión, diciéndole a la gente que diezmara directamente a ellos. Esto resolvió la necesidad de financiación, y también resolvió la necesidad inmediata de liderazgo espiritual, pero con esto surgió un nuevo problema, y fue el hecho de que la Torah de Yahweh no reconoce a los "rabinos". Y si los rabinos enseñaban a la gente a obedecer la Torah de Yahweh, entonces, el pueblo tomaría notas y reconocerían como impostores a los rabinos, y luego la gente comenzaría a asimilarse en la cultura Babilónica nuevamente.

¿Cómo podrían resolver este dilema? ¿Cómo podrían los rabinos enseñar a la gente a guardar la Torah, sin ser rechazados como resultado? La solución fue que los rabinos tuvieron que redefinir lo que significaba el término *Torah*.

Entendemos que Yahweh le dio Su Torah a Moshé (Moisés) en el Monte Sinaí. Y que la Torah de Yahweh es eterna e inmutable, y debemos obedecerla al pie de la letra. Sin embargo, los rabinos no declaran que la Torah de Yahweh sea eterna. Por el contrario, afirman que Yahweh le dio la autoridad a Moshé para establecer la "*interpretación de la Torah*" para su generación, y que esta autoridad pasa de generación en generación. De acuerdo con esta definición, la *interpretación de la Torah* será de la forma en que los grandes hombres (rabinos), en cada generación, digan que es la forma de interpretarla. También dicen que Moshé le pasó esta autoridad a Yejoshúa (Josué), quien se la pasó a los jueces, y así sucesivamente, hasta que finalmente se posó sobre los rabinos. Sin embargo, esto es contrario a las palabras de Yahweh.

Devarim (Deuteronomio) 12:32
32 "Todo lo que Yo te ordeno, ten cuidado de observarlo, no le añadas ni le quites".

Pero si Yahweh dice que no cambiemos Su Torah, ¿Cómo es que los rabinos entendieron esta otra idea? ¿De dónde vino? Podemos entender mucho mejor a los rabinos si nos damos cuenta de que, antes del exilio a Babilonia, la mayoría de los rabinos eran sacerdotes y/o Levitas, y se los llamaba a hacer determinaciones tanto legales como médicas. Por ejemplo, tenían que determinar el estado médico de los leprosos.

Vayiqra (Levítico) 13: 9-14
9 Cuando la llaga leprosa está sobre una persona, entonces será llevado ante el sacerdote.
10 Y el sacerdote lo examinará; y, de hecho, si la hinchazón en la piel es blanca, y ha convertido el pelo en blanco, y hay una mancha de carne cruda en la hinchazón,
11 es una lepra vieja en la piel de su cuerpo. El sacerdote lo declarará inmundo, y no lo aislará, porque es inmundo.
12 Y si la lepra brota de toda la piel, y la lepra cubre toda la piel del que tiene llaga, desde la cabeza hasta el pie, donde sea que mire el sacerdote,
13 entonces el sacerdote considerará; y, de hecho, si la lepra ha cubierto todo su cuerpo, declarará limpio a quién tiene la llaga. Todo se volvió blanco, él está limpio.
14 Pero cuando aparezca carne cruda sobre él, será inmundo".

Los sacerdotes abordarían esto como un problema legal, y el hecho de que los sacerdotes tenían la autoridad legal, ayuda a explicar por qué los rabinos se ven a sí mismos como los jueces, divinamente inspirados, de la corte. También explica por qué creen que sus *opiniones* tienen el mismo peso que *las instrucciones de la Torah*. El gran problema es que cometen el mismo error que cometió Havah. Han permitido que la serpiente los engañe haciéndoles creer que están calificados para discernir el bien y el mal por sí mismos, por su propio intelecto, en lugar de escuchar y obedecer la voz de Yahweh.

Bereshit (Génesis) 3: 4-5
4 Entonces la serpiente le dijo a la mujer: "Ciertamente no morirás".
5 Porque Elohim sabe que el día que comas de él, serán abiertos tus ojos, y serás como Elohim, sabiendo el bien y el mal".

Así como Havah, los rabinos dejaron de escuchar la voz de Yahweh. Alteraron la definición de la Torah, quitando la autoridad de Yahweh sobre ella y poniéndola sobre sí mismos. Los rabinos ven la Torah como un importante precedente legal histórico que pueden usar para justificar su propia *asumida* autoridad. Tal vez es por eso que no quieren volver a la Torah de Moshé; ya que tendrían que someterse al Espíritu de Yahweh (que es algo que la carne no quiere hacer).

En lugar de ver la Torah de Yahweh como un pacto matrimonial perfecto que no debe alterarse, los rabinos enseñan que la ley *halájica* Judía es un campo evolutivo en el que las representaciones más modernas de los escribas son mucho más importantes que las antiguas reglas de la Torah de Yahweh. De hecho, enseñan que podemos trasgredir la Torah (porque hay "preceptos positivos y negativos"), pero si transgredimos las promulgaciones de los escribas, incurrimos en la pena de muerte.

"Hijo mío, ten más cuidado en [la observancia de] las palabras de los Escribas que, en las palabras de la Torah, ya que en las leyes de la Torah hay preceptos positivos y negativos; pero, en cuanto a las leyes de los escribas, cualquiera que transgreda cualquiera de las leyes de los escribas incurre en la pena de muerte".

[Talmud de Babilonia, Tratado Eiruvin, 21b]

Debido a su orientación legal, los rabinos suponen que Eliyah (Elías) el profeta tenía un "tribunal", y dicen que incluso si Eliyah, y su presunta corte, estuvieran en desacuerdo con las decisiones de la mayoría más reciente, nadie debería escuchar a Eliyah.

Un tribunal no puede anular las decisiones de otro tribunal, a menos que sea superior a él en sabiduría y fuerza numérica. Además, Rabbah b. Bar Hanah ha dicho en nombre de R. Johanan: En todos los asuntos, un Tribunal puede anular las decisiones de otro Tribunal, excepto las dieciocho cosas [prohibidas por las Escuelas de Hillel y Shammai], porque incluso si Elías y su Corte vienen [y las declara permitidas estas 18 cosas] ¡no debemos escucharlo!

[Talmud babilónico, Tratado Avodah Zarah 36a]

Los profetas siempre fueron enviados para hacer que el pueblo regresara a Yahweh, guarde Sus mandamientos y obedezca Su voz. Los profetas oyeron la voz de Elohim y hablaron de acuerdo con ella. Sin embargo, los rabinos le dicen a la gente: "No le presten atención a un hombre que hable según la voz de Yahweh. Sino que presten atención a nuestra voz en su lugar".

Los rabinos tienen sustitutos a todo lo que Yahweh dice que hagamos. Un ejemplo cotidiano de esto es el ritual de lavado de manos rabínico. En esta tradición rabínica, los hombres deben verter agua sobre sus manos antes de cada comida, y decir una oración ritual. Los rabinos probablemente lo adaptaron de Éxodo 30:17-21, que les dice a los sacerdotes que se laven las manos y los pies en el lavamanos de bronce como un estatuto para siempre en todas sus generaciones.

Shemot (Éxodo) 30: 17-21
17 Entonces Yahweh habló a Moshé, diciendo:
18 "Y harás también una fuente de bronce, con su base de bronce, para lavar; y la pondrás entre el tabernáculo de reunión y el altar, y pondrás agua en ella,
19 porque Aharon y sus hijos se lavarán las manos y los pies con agua de ella.
20 Cuando entren en el tabernáculo de reunión, o cuando se acercan al altar para ministrar, para quemar una ofrenda encendida a Yahweh, se lavarán con agua, para que no mueran.
21 Y lavarán sus manos y sus pies, para que no mueran. Y será para ellos un estatuto perpetuo, para ellos y su descendencia por sus generaciones".

Necesitamos entender que la obediencia a los mandamientos rabínicos se conoce como obedecer las "obras de la Torah". Estas son las mismas "obras de la Torah" a las que se refiere el apóstol Shaul (Pablo).

Galatim (Gálatas) 2: 15-16
15 Nosotros, que somos Judíos por naturaleza, y no pecadores de entre los gentiles,
16 sabiendo que un hombre no se justifica por las "obras de la Torah", sino por la fe en el Mesías Yeshúa, incluso nosotros hemos creído en el Mesías Yeshúa, para que podamos ser

justificados por la fe en el Mesías y no por las obras de la Torah; porque por las "obras de la Torah" ninguna carne será justificada.

Lo que los rabinos realmente están sugiriendo es que el camino a la salvación es someterse a su autoridad (la de los rabinos). Este tipo de autoridad es a lo que las Escrituras se refieren como un "yugo". Yeshúa nos dice que solo aceptemos Su yugo, porque Su yugo es fácil y ligero.

Mattityahu (Mateo) 11:30
30 "Porque Mi yugo es fácil y Mi carga es liviana".

La gran lucha entre Yeshúa y los rabinos, es una lucha sobre "¿qué autoridad es la que debe ser aceptada?". Una y otra vez, los rabinos sugirieron que Yeshúa debía aceptar la autoridad rabínica, y una y otra vez, Yeshúa dijo que lo principal era obedecer los mandamientos que Su Padre les dio y no las enseñanzas hechas por el hombre.

Mattityahu (Mateo) 15: 1-9
1 Entonces los escribas y Fariseos, que eran de Jerusalem, vinieron a Yeshúa, diciendo:
2 "¿Por qué tus discípulos traspasan la tradición de los ancianos? Porque no se lavan las manos cuando comen pan".
3 Respondió Él y les dijo: ¿Por qué también ustedes quebrantan el mandamiento de Elohim por su tradición (Ma'asim)?
4 Porque Elohim ordenó, diciendo: "Honra a tu padre y a tu madre"; y, "El que maldice a padre o madre, ciertamente morirá".
5 Pero ustedes dicen: "Cualquiera que le dice a su padre o madre:" Cualquier ganancia que puedas recibir de mí es un regalo para Elohim".

6 entonces con esto, él "no necesita honrar a su padre o madre". Por lo tanto, han hecho que el mandamiento de Elohim no tenga ningún efecto según su tradición (Ma'asim).
7 ¡hipócritas! Bien Isaías profetizó acerca de ustedes, diciendo:
8 "Estas personas se acercan a Mí con su boca, y Me honran con sus labios, pero su corazón está lejos de Mí.
9 Y en vano Me adoran, enseñando como doctrinas, mandamientos de los hombres (Takanot)".

Si los rabinos enseñaran la *Torah de Yahweh* (en lugar de los mandamientos de la Torah *hecha por el hombre [Takanot]*), Yeshúa probablemente habría hablado a favor de ellos. Sin embargo, como enseñaron un reemplazo rabínico para la Torah de Yahweh, Yeshúa no estaba a su favor.

Pero ¿qué quiso decir Yeshúa cuando dijo que los escribas y los Fariseos se sientan en el asiento de Moshé, y que debemos hacer lo que ellos dicen que hagamos, aunque no debemos hacer de acuerdo con sus obras?

Mattityahu (Mateo) 23: 1-13
1 Entonces Yeshúa habló a las multitudes y a Sus discípulos,
2 diciendo: "Los escribas y los Fariseos se sientan en el asiento de Moshé.
3 Por lo tanto, todo lo que les digan que guarden, guárdenlo y háganlo, mas no hagan conforme a sus obras; porque dicen, y no hacen.
4 Porque atan cargas pesadas, difíciles de llevar, y las ponen sobre los hombros de los hombres;

pero ellos mismos no los moverán ni con uno de sus dedos.

5 Pero hacen todas sus obras para ser vistos por los hombres. Hacen sus filacterias amplias y amplían los bordes de sus prendas.

6 Aman los mejores lugares en las fiestas, los mejores asientos en las sinagogas,

7 los saludos en los mercados, y ser llamados por los hombres, "Rabino, Rabino".

8 Pero a ustedes, no les llamen "Rabino"; porque ¡Uno es su Maestro!, el Mesías, y todos ustedes son hermanos.

9 No llamen a nadie en la tierra Padre; porque ¡Uno es su Padre!, el que está en el cielo.

10 Y no sean llamados maestros; porque ¡Uno es tu Maestro!, el Mesías.

11 Pero el que es más grande entre ustedes, sea su servidor.

12 Porque cualquiera que se enaltece será humillado, y el que se humilla será enaltecido.

13 Pero ¡ay de ustedes, escribas y Fariseos, hipócritas!, porque cierran el reino de los cielos delante de los hombres, porque ustedes ni entran, ni dejan entrar a los que están entrando".

En el primer siglo, el "asiento de Moshé" era una silla física "literal", donde los escribas y los Fariseos se sentaban y leían los rollos de la Torah en voz alta. Era como un púlpito moderno. Yeshúa dijo que hicieran todo lo que decían cuando se "sentaran en el asiento de Moshé" (y estuvieran leyendo la Torah en voz alta), porque esas palabras provenían de Su Padre. Sin embargo, también dijo que no hicieran según sus *obras*, porque las "obras de la Ley" no son más que la opinión mayoritaria de los rabinos.

En el versículo 13, Yeshúa dijo que los escribas y los Fariseos cerraban el reino de los cielos a los hombres. No solo se negaban a entrar ellos mismos, sino que impedían que otros también ingresaran. Es decir, no solo se negaron a obedecer la voz de Yahweh, sino que incluso enseñaron a otros a no escuchar la voz de Yahweh (ya que les daban las "obras de la Torah", [o Takanot y Ma'asim] rabínicas como un sustituto de la verdadera obediencia y santificación).

La Escritura se trata de espíritus, y el espíritu que los escribas rabínicos y los Fariseos le dieron al pueblo de Yahweh es un sustituto, para que no escucharan ni obedecieran la voz de Yahweh. ¿No es eso también lo que hizo Satanás?

Bereshit (Génesis) 3: 4-5
4 Entonces la serpiente le dijo a la mujer: "Ciertamente no morirás".
5 Porque Elohim sabe que el día que comas de él, serán abiertos tus ojos, y serás como Elohim, sabiendo el bien y el mal".

Anteriormente vimos cómo Jeremías profetizó que Yahweh traería de vuelta a los Judíos a la tierra de Israel después de setenta años. Sin embargo, después de setenta años, el 90 por ciento de los Judíos no querían volver a casa. La vida les era más fácil en Babilonia que en la tierra de Israel. A los Judíos se les había dado la ciudadanía Babilónica, y muchos de ellos habían tomado esposas Babilónicas. Si se quedaban en Babilonia, la vida les sería más fácil, pero si volvían a casa, la vida se volvería muy dura para ellos. Solo aquellos que tenían un espíritu que rechazaba el cautiverio Babilónico y querían regresar a su herencia en Israel, encontrarían que este tipo de compensación, de dejar atrás Babilonia y a sus esposas e hijos paganos, por vivir en la tierra de Israel, valía la pena.

En los días de Esdras y Nehemías, el 10 por ciento de los Judíos decidió volver a su hogar en la tierra de Israel. Pero el otro 90 por ciento permaneció en el cautiverio Babilónico, y eventualmente se perdieron en la historia, siendo dispersados a todas las naciones. Desde un punto de vista físico, tanto los Judíos como los Efraimitas se habían perdido, pero desde un punto de vista espiritual, ambos estaban cautivos por el enemigo. Era como si Satanás hubiera cautivado sus corazones con los placeres del pecado. Es por esto que Yeshúa dijo que vino a proclamar la libertad a los cautivos (espirituales).

Luqa (Lucas) 4:18
18 "El Espíritu de Yahweh está sobre Mí, por cuanto Me ha ungido para dar buenas nuevas a los pobres, Me ha enviado para sanar a los quebrantados de corazón, para proclamar libertad a los cautivos, y vista a los ciegos, establecer libertad a aquellos que están oprimidos".

Sin embargo, Yeshúa no vino solo por aquellos que se habían perdido en las naciones; También vino a poner en libertad a aquellos que estaban espiritualmente oprimidos por los rabinos. Él vino a ponerlos en libertad de las costumbres rabínicas (las obras de la ley). Todo esto está en consonancia con el papel de Yeshúa como el Mesías, quien dijo Daniel que vendría luego de 7 semanas y 62 semanas (es decir, 69 semanas), después de que se ordenara a los Judíos restaurar y reconstruir Jerusalem.

Daniel 9:25

25 "Conoce, por tanto, y entiende que, desde la salida del mandato para restaurar y edificar Jerusalem hasta el Mesías Príncipe, habrá siete semanas y sesenta y dos semanas. La calle se construirá de nuevo y el muro, incluso en tiempos difíciles".

La palabra Hebrea para *semanas* es *shavua*, que significa *siete*. Si cada *siete* representa siete años terrestres, entonces el "Mesías Príncipe" llegaría 483 años después de que saliera el comando para restaurar y reconstruir Jerusalem. La historia nos dice que el rey Artajerjes dio este comando en el 457 a.C., 483 años después de eso nos lleva al 26 d.C., que es el mismo año en que Yeshúa comenzó Su ministerio. Esta es solo una prueba de que Yeshúa es el "Mesías Príncipe" profetizado en Daniel 9 (porque nadie más encaja con esta descripción histórica).

La *Concordancia Hebrea de Strong* nos dice que la palabra *príncipe* en Daniel 9:25 es la palabra Hebrea *nagiyd* (נגיד), que se refiere a un comandante que conduce desde el frente. Esta palabra es de suma importancia para entender quién es Yeshúa y cómo debemos relacionarnos con Él.

H5057 *naguíd*; de H5046; comandante (como que ocupa el frente), civil, militar o religioso; generalmente (abst. plural), temas honorables: capitán, caudillo, cosa excelente, jefe, mayor, oficial, príncipe.

Muchos comentaristas han sugerido que, la razón por la cual los Fariseos rechazaron a Yeshúa es que él no era el líder militar que esperaban que fuera el "Mesías Príncipe". Judea estaba bajo el control Romano, y los

Fariseos esperaban que el "Mesías Príncipe" unificara al pueblo, liderara una revuelta militar y arrojara a los Romanos fuera de la tierra. En cambio, Yeshúa lanzó una campaña espiritual que dividió a la nación en dos bandos: la minoría que tenía ojos para ver (y oídos para escuchar) y la mayoría que no lo hizo.

Mattityahu (Mateo) 10: 34-39
34 "No piensen que vine a traer la paz a la tierra. No vine a traer paz, sino espada.
35 Porque he venido a poner a un hombre contra su padre, a una hija contra su madre y a una nuera contra su suegra;
36 y los enemigos de un hombre serán los de su propia casa.
37 El que ama a padre o a madre más que a Mí, no es digno de Mí. Y el que ama a hijo o a hija más que a Mí, no es digno de Mí.
38 Y el que no toma su madero y Me sigue, no es digno de Mí.
39 El que encuentra su vida la perderá, y el que pierda su vida por Mi causa, la encontrará".

Como vimos en capítulos anteriores, el rol clásico de un mesías es el de alguien que "devuelve al *pacto* a los perdidos y dispersos de Israel y los lleva a la victoria sobre sus enemigos". Sin embargo, no tenía sentido que Yeshúa arrojara a los Romanos fuera de la tierra de Israel, solo para que el orden rabínico, contrario a la Torah, pudiera seguir engañando a la gente. Yeshúa vio que el sistema rabínico era una amenaza para Su pueblo, tanto como lo era el ejército Romano (si no más). Al menos las personas podían identificar fácilmente a los Romanos como su enemigo, mientras que no podían discernir fácilmente que los rabinos los estaban engañando. Tal vez por eso, en lugar de liderar una revuelta militar contra los Romanos, Yeshúa declaró una guerra espiritual contra los rabinos, para liberar al pueblo de Yahweh de la opresión rabínica.

En el primer siglo, los linajes Levíticos y sacerdotales se habían perdido, por lo que no podían volver al orden Levítico original. Pero si Yeshúa estaba liberando a Su pueblo de la opresión y del engaño rabínico, y no era posible volver al antiguo orden Levítico, entonces ¿cómo iba a tener el pueblo el tipo de liderazgo espiritual que se necesitaba para tener unidad y cohesión como nación?

En el próximo capítulo veremos que Yeshúa estableció un sacerdocio basado en el orden de Melquisedec, el cual debía relevar a los rabinos, y promover Su reino en todo el mundo.

La Renovada Orden de Melquisedec

En el último capítulo vimos que, dado que la orden Levítica no tenía los fondos económicos para subsistir cuando los Judíos entraron en Babilonia, esto causó que la orden Levítica colapsara. Luego vimos cómo surgió el orden rabínico para tomar su lugar. Esto proporcionó una continuidad del liderazgo, pero dio lugar a un problema distinto, esto en el sentido de que los rabinos tuvieron que crear un nuevo sustituto de la Torah para justificar su permanencia en el poder. Sin embargo, a pesar de que los rabinos crearon un sustituto de la Torah, cosa que no les estaba permitido, Yahweh les dio una oportunidad a fin de cumplir Sus propósitos por un tiempo. Sin embargo, eventualmente Yahweh quitó Su favor de la orden rabínica, y envió a Su hijo a levantar una renovada orden de Melquisedec para reemplazarlos.

Hay varias complejidades y sutilezas involucradas en la transposición de poder en los sacerdocios que tuvieron lugar en el primer siglo, así que, para entender lo que realmente sucedió (de la forma en que deberíamos hacerlo hoy), haremos una breve reseña de la historia de los sacerdocios en Israel. Esto sentará las bases para una comprensión mucho más profunda, y rica, en futuros capítulos.

Como explicamos en *El Gobierno de la Torah*, hay tres (algunos dicen cuatro) roles principales (u oficios) en Israel. Estos tres (o cuatro) oficios principales son:

1. El rey (gobierno)
2. El sacerdote (gobierno espiritual)
3. El profeta (vocero de Yahweh)
4. El juez ungido (una combinación de los tres)

Algunas personas creen que debemos restaurar las formas originales de hacer las cosas, tal cual se hicieron en el Jardín del Edén. Sin embargo, esto no es lo que las Escrituras nos enseñan. Aunque originalmente los patriarcas ocuparon tres o cuatro oficios, este no debe ser nuestro objetivo final, porque Israel ya no es una familia patriarcal, sino una nación con muchas familias interdependientes las unas de las otras. Esta es la razón por la cual la necesidad de organización y el reparto del trabajo aumenta, porque hay muchas más personas.

En el tiempo de Adam (Adán) no hubo división del trabajo. Los hijos de Adam trajeron ofrendas a Yahweh por sí mismos. Hevel (Abel) trajo a Yahweh lo primero y más fino de lo que Yahweh le dio, lo que agradó a Yahweh. Sin embargo, Qayin (Caín) le trajo "una" ofrenda (es decir, nada especial), lo cual no agradó a Yahweh.

Bereshit (Génesis) 4: 3-5
3 Y en el transcurso del tiempo, sucedió que Qayin trajo una ofrenda del fruto de la tierra a Yahweh.
4 Hevel también trajo del primogénito de su rebaño y de lo mejor. Y Yahweh consideró a Hevel y su ofrenda,
5 pero Él no consideró a Qayin y su ofrenda. Y Qayin estaba muy enojado, y su semblante cayó.

Este pasaje se puede interpretar de diferentes maneras, pero en el versículo 4, la palabra "mejor" es la palabra hebrea *kjéleb* (חלב). En contexto, esta palabra se refiere a la parte más abundante o más preciosa. Esto nos muestra que a Yahweh le gusta cuando lo honramos al darle las primeras y las mejores partes (como lo hizo Hevel).

H2459 *kjéleb*; de una raíz que no se usa significa ser gordo; gordura, sea literalmente o figurativamente; de aquí, la parte más rica o selecta: abundancia, engordar, escogido, gordo, gordura, grosura, mejor, meollo, sebo

Hay muchos juegos de palabras Hebreas en las Escrituras. Hevel quería mostrar Su amor a Yahweh dando lo primero y mejor de todo lo que tenía. Esta fue una manifestación del espíritu de Hevel. En Hebreo, la palabra para espíritu es *ruaj* (רוח). Esto está relacionado con la palabra Hebrea para un aroma, que es *riach* (ריח). Cuando tenemos un *espíritu* (רוח) dispuesto para servir a Yahweh con lo mejor y más fino de nuestras primicias, es como un *aroma agradable* (ריח) a Yahweh. Este es el tipo de espíritu que le agrada a nuestro Esposo y Rey, y fue este mismo tipo de espíritu el que mostró Noé, que también agradó a Yahweh.

Bereshit (Génesis) 8:21
21 Y Yahweh olió un aroma agradable (ריח). Entonces Yahweh dijo en Su corazón: "Nunca más volveré a maldecir la tierra por causa del hombre, aunque el deseo del corazón del hombre es malo desde su juventud, ni volveré a destruir a todos los seres vivos como lo hice".

Durante el tiempo de Noé, los patriarcas ofrecían sacrificios a Yahweh por sí mismos. Sin embargo, en los días de Abraham había un sacerdocio apartado. Este fue el comienzo de la división del gobierno interno en tres roles separados (el rey, el sacerdote y el profeta).

Bereshit (Génesis) 14: 18-20
18 Entonces Melquisedec, rey de Salem, sacó pan y vino; él era sacerdote del Elohim altísimo.

19 Y lo bendijo y le dijo: "Bendito sea Abram del Elohim Altísimo, Poseedor del cielo y de la tierra; 20 Y bendito sea Elohim el Altísimo, que entregó a tus enemigos en tus manos". Y le dio el diezmo de todo.

A veces se dice que la división del trabajo es uno de los principios sobre los que se construyen todas las sociedades avanzadas. Yahweh favorece la división del trabajo, porque conduce a la especialización, y con la especialización, las sociedades son más productivas.

Yahweh favoreció a Melquisedec y su sacerdocio, o Abram no le habría dado el diezmo. El nieto de Abram Yaakov (Jacob) también dio diezmos, y probablemente diezmó a través de la misma orden de Melquisedec que su abuelo.

Bereshit (Génesis) 28: 20-22
20 Entonces Yaakov hizo un voto, diciendo: "Si Elohim estuviere conmigo, y me guardare en este camino en que voy, y me da pan para comer y ropa para vestir,
21 para que yo regrese en paz a la casa de mi padre, Yahweh será mi Elohim.
22 Y esta piedra que puse como una columna será la casa de Elohim, y de todo lo que me des, te daré la décima parte".

Anteriormente vimos que, en el tiempo cuando los patriarcas estaban vivos, no fue necesario establecer oficios gubernamentales separados. Sin embargo, cuando los patriarcas murieron y las tribus crecieron, ya no tenían un patriarca en común para unificarlos. En este punto se hizo necesario desarrollar oficios separados para evitar que las tribus se separaran. Probablemente esta también es la razón por la cual

Yahweh envió a las tribus a Egipto antes de que Yaakov (Israel) muriera. Faraón era un tirano, por esto fue capaz de mantener a las tribus unidas bajo su fuerte gobierno central. Además, el tiempo que las tribus pasaron bajo la esclavitud de Faraón, ayudó a Israel a desarrollar un fuerte y perdurable sentido de identidad como pueblo.

Debido a la naturaleza carnal del hombre, que quiere gobernar en lugar de ser gobernado, a los hombres no les gusta someterse a nadie, ya sea al gobierno o al sacerdocio. Los hombres siempre buscan formas para evitar someterse al gobierno y/o evitar apoyar a su sacerdocio. Sin embargo, a menos que una nación tenga un liderazgo unificado y un sacerdocio centralizado, la nación caerá. Por esto Yeshúa nos dice que cada reino (o nación) que está dividido contra sí mismo no puede perdurar.

Mattityahu (Mateo) 12:25
25 Pero Yeshúa conocía sus pensamientos y les decía: "Todo reino dividido contra sí mismo es asolado, y toda ciudad o casa dividida contra sí misma no resistirá".

Antes de que las tribus de Israel pudieran salir del fuerte y *tirano* liderazgo central de Faraón, necesitaban desarrollar un liderazgo de *servicio* centralizado. Por esta razón, Yahweh envió a Moshé (Moisés), el cuál pasaría el resto de su vida sirviendo a Yahweh y a Su pueblo.

Ahora que Israel tenía su propio gobierno, Yahweh podría darle a Israel su propio sacerdocio. Debido a que Yahweh había dado muerte a todos los primogénitos de Egipto, Yahweh reclamó a todos los primogénitos de Israel para sí mismo.

Shemot (Éxodo) 13: 2
2 "Aparta para Mí todo primogénito, todo el que abre el vientre entre los hijos de Israel, tanto de hombres como de bestias; es Mío".

El trabajo de los sacerdotes es mantener los estándares de Yahweh, y el sacerdocio de los primogénitos no duró mucho tiempo, ya que ni Aharon ni los primogénitos de Israel refrenaron a la gente en el incidente del becerro de oro.

Shemot (Éxodo) 32: 25-26
25 Cuando Moshé vio que el pueblo estaba desenfrenado (porque Aharón no los había retenido, para vergüenza entre sus enemigos),
26 Entonces Moshé se paró en la entrada del campamento, y dijo: "¡Quien esté del lado de Yahweh, venga a mí!" Y todos los hijos de Leví se juntaron con él.

Los Levitas se mostraron dispuestos a oponerse a la gente y respetar los estándares de Yahweh. Por lo tanto, aunque todo el campamento de Israel era apartado (santo) para Yahweh, el sacerdocio Levítico se apartó un poco más que el resto. Dentro de ese orden, los sacerdotes se santificarían todavía más, y luego, el sumo sacerdote está aún más santificado que el resto. Por lo tanto, aunque todo Israel está apartado del mundo, todavía tiene que haber un orden dentro de Israel, o nada funcionaría adecuadamente. Sin embargo, Coré y otros hombres se levantaron contra el orden establecido por Yahweh.

Bemidbar (Números) 16: 1-3
1 Entonces Coré, hijo de Izhar, hijo de Coat, hijo de Leví, con Datán y Abiram hijo de Eliab, y On hijo de Pelete, hijos de Rubén, tomaron hombres

2 y se levantaron contra Moshé con algunos de los hijos de Israel, doscientos cincuenta jefes de la congregación, representantes de la congregación, hombres de renombre.

3 Se juntaron contra Moshé y Aharon, y les dijeron: "Ya basta de ustedes, porque toda la congregación es apartada, cada uno de ellos, y Yahweh está entre ellos. ¿Por qué entonces se exaltan a sí mismos por encima de toda asamblea de Yahweh?"

Coré razonó que toda la asamblea era santa y que no debía haber entre ellos distinción. Él buscó borrar toda distinción. Yahweh se disgustó mucho, y Coré y sus hombres lo pagaron con sus vidas (y las vidas de sus familias).

Bemidbar (Números) 16: 31-33
31 Y sucedió que, cuando terminó de hablar todas estas palabras, se abrió la tierra debajo de ellos,
32 y la tierra abrió su boca y los tragó, con sus casas y todos los hombres de Coré, con todos sus bienes.
33 Y ellos y todos los que estaban con ellos descendieron vivos al abismo; la tierra se cerró sobre ellos, y perecieron de entre la asamblea.

Una vez que Yahweh estableció a Moshé en el reinado, y a los Levitas en un sacerdocio interno, Yahweh comenzó a refinar y desarrollar la realeza de Israel. El suegro de Moshé, Yithro (Jetro) le dijo a Moshé que además de su división en doce ejércitos tribales, la gente debería organizarse en subdivisiones de decenas, cincuenta, cientos y miles. Es decir, además de las grandes divisiones por tribus (análogas a lo que más tarde se convertiría en las naciones Judeo-

Cristianas), las personas también debían organizarse dentro de sus tribus y más tarde, sus naciones.

Shemot (Éxodo) 18:21
21 "Además, seleccionarás de entre todos los hombres capaces, de los que teman a Elohim, hombres de verdad, que odien la codicia; y colócalos sobre ellos, como gobernantes de miles, gobernantes de cientos, gobernantes de cincuenta y gobernantes de decenas".

Como mencionamos anteriormente, las tribus perdidas de Israel se convirtieron más tarde en los reinados Cristianos de Europa, y estos reinados Cristianos mantenían el orden y el gobierno dentro de sus propias fronteras. También establecieron funciones judiciales dentro de todas sus puertas, como manda Yahweh.

Devarim (Deuteronomio) 16:18
18 Y pondrás jueces y oficiales en todas tus ciudades que Yahweh tu Elohim te da, según tus tribus, y juzgarán al pueblo con juicio limpio.

Yahweh dijo que un día Israel tendría un rey. La única advertencia que dio Yahweh sobre esto fue que Israel "no debería elegir un rey *por ellos mismos*, como lo hacen todas las otras naciones que estaban a su alrededor". En lugar de eso, debían colocar sobre sí mismos el rey (líder) que elija Yahweh.

Devarim (Deuteronomio) 17: 14-15
14 "Cuando vengas a la tierra que Yahweh tu Elohim te da, y la poseas y habites en ella, y digas: "Pondré rey sobre mí, como todas las naciones que están a mi alrededor.
15 ciertamente establecerás rey sobre ti a quien Yahweh tu Elohim escoja; uno de tus hermanos, lo

establecerás como rey sobre ti; no establecerás a un extranjero sobre ti, que no sea tu hermano".

Israel podría haber pedido un rey apartado, para ser santificados por él; pero hicieron exactamente lo que Yahweh dijo que no hicieran: pidieron "un rey para ser como todas las otras naciones". Es decir, ellos eligieron ser profanos. Este es un presagio profético de la democracia, donde las personas eligen a sus propios líderes según sus propios deseos, en lugar de pedir a Yahweh que les dé el líder que Él quiere. Observa cómo, en el versículo 5, Israel pide un rey para poder ser como todas las demás naciones.

Shamuel Alef (1 Samuel) 8: 4-5
4 Entonces todos los ancianos de Israel se juntaron, y vinieron a Samuel en Ramá,
5 y le dijeron: "Mira, eres viejo, y tus hijos no andan en tus caminos. Ahora, danos un rey para que nos juzgue, como todas las naciones".

El versículo 20 confirma que el pecado de Israel no consistió en buscar un rey apartado (como David), sino en buscar un rey no apartado, para que pudieran ser como todas las demás naciones.

Shamuel Alef (1 Samuel) 8: 19-20
19 Sin embargo, el pueblo rehusó obedecer la voz de Samuel; y dijeron: "No, sino tendremos un rey sobre nosotros,
20 para que seamos también como todas las naciones, y para que nuestro rey nos juzgue y salga delante de nosotros y pelee nuestras batallas".

Si los Israelitas le hubiesen pedido a Samuel un "rey apartado", seguramente Yahweh hubiera estado de acuerdo.

Yahweh eventualmente le dio a Israel un rey justo, para que Yeshúa pudiera venir del linaje de ese rey (David). Él se convertiría en nuestro Sumo Sacerdote en los cielos para siempre, según el orden de Melquisedec.

Ivrim (Hebreos) 6: 19-20
19 Esta es la esperanza que tenemos como ancla del alma, tanto segura como firme, y que entra en la Presencia detrás del velo,
20 donde el precursor ha entrado por nosotros, el cual es Yeshúa, habiéndose convertido en Sumo Sacerdote para siempre según el orden de Melquisedec.

El término *Melquisedec* se traduce aproximadamente como "Rey de Justicia". Esto describe perfectamente a Yeshúa, quien cumple, no solo el papel de sumo sacerdote, sino también el papel de la realeza (es decir, el comandante de los ejércitos de Yahweh). Este es un concepto clave y central que debemos entender si queremos darnos cuenta de quién es Yeshúa, y cómo quiere que Su novia lo ayude durante su ausencia.

En el último capítulo vimos que Yeshúa vino a liberar a aquellos que estaban espiritualmente oprimidos por los rabinos, y también a aquellos que estaban en cautiverio espiritual en medio de las naciones, Efraim principalmente, pero en realidad, a las doce tribus, que son la simiente perdida y dispersa de Abraham. Lo que Yeshúa comenzó fue; una campaña espiritual de varias generaciones que atravesaría muchas fases, y dado que Yeshúa no estaría físicamente presente para liderar la guerra espiritual, tuvo que entrenar un sacerdocio para dirigir a Su ejército en Su ausencia.

Mucha gente no se da cuenta de que Yeshúa no quería un gentío desorganizado e ignorante, sino una fuerza de lucha espiritual bien organizada. Su ejército tendría que llevar las Buenas Nuevas a todos los rincones del mundo, llamando a los hijos perdidos y dispersos de Abraham e Israel a volver al pacto por medio de la fe en el Mesías Yeshúa, uniéndolos como una sola nación cohesionada, aunque no tendrían un país al cual llamar propio. Esto solo podría hacerse mediante alguna forma de organización central y de liderazgo. Al igual que en épocas anteriores, la organización y el liderazgo centralizados serían clave para el éxito de Israel (no es coincidencia que se llame "el orden de Melquisedec", y no "el desorden de Melquisedec").

Del mismo modo en que los Levitas estaban organizados según un modelo de grados militares, el sacerdocio de Melquisedec también necesitaría ser organizado de esta manera. Yeshúa los guiaría, como su Rey y Sumo Sacerdote, a través de Su sacerdocio, que es quizás la razón por la que vino a Yojanán HaMatbil (Juan el Bautista) para sumergirle.

Mattityahu (Mateo) 3: 13-17
13 Entonces Yeshúa vino de Galilea a Yojanán en el Jordán para ser sumergido por él.
14 Y Yojanán trató de evitarlo, diciendo: "yo necesito ser sumergido por Ti, ¿y vienes a mí?"
15 Pero Yeshúa respondió y le dijo: "Permite que así sea ahora, porque de esta manera nos conviene cumplir toda justicia". Entonces él se lo permitió.
16 Cuando se hubo sumergido, Yeshúa salió inmediatamente del agua; y he aquí, se abrieron

los cielos, y vio al Espíritu de Elohim que descendía como una paloma y se posaba sobre Él.
17 Y repentinamente vino una voz del cielo, que decía: Este es Mi Hijo amado, en quien tengo complacencia".

Antes de que un sumo sacerdote fuera ungido como tal, debía ser purificado en las aguas primero, así como Aharon y sus hijos tuvieron que lavarse con agua. Este lavado con agua era básicamente la misma idea que la inmersión (bautismo).

Shemot (Éxodo) 29: 4
4 "Y a Aarón y a sus hijos llevarás a la puerta del tabernáculo de reunión, y los lavarás con agua".

Luego vino la unción. Con Aharon y sus hijos, la unción fue con sangre y aceite.

Shemot (Éxodo) 29:21
21 "Y tomarás de la sangre que está sobre el altar, y del aceite de la unción, y rociarás sobre Aharón y sobre sus vestiduras; sobre sus hijos, y sobre las vestiduras de sus hijos con él; y él y sus vestiduras serán apartadas, y sus hijos y las vestiduras de sus hijos con él".

Yeshúa no podía ir a los rabinos para ser ungido, porque no seguían realmente a Elohim, ellos seguían su propia autoridad. Es por esto que fue a Yojanán HaMatbil para ser ungido, ya que era el hijo de Zacarías, un sumo sacerdote Levítico.

Luqa (Lucas) 1:13
13 Pero el mensajero le dijo: No temas, Zacarías, porque tu oración ha sido oída, y tu mujer Elisheva

te dará a luz un hijo, y llamarás su nombre Yojanán".

Luego de que Yeshúa fue sumergido en el agua, entonces Él fue sumergido por el Espíritu Apartado (Santo) (Mateo 3:16, arriba).

Lo que mucha gente no entiende es que, así como un rey es el líder de un ejército temporal (físico), el sumo sacerdote es el líder de un ejército espiritual. Estos dos deben trabajar juntos para someter la tierra a Yahweh. En este sentido, veamos los cuatro oficios principales, que enumeramos al comienzo de este capítulo, en términos militares:

1. El rey (lidera el ejército temporal)
2. El sacerdote (lidera el ejército espiritual)
3. El profeta (se comunica con Yahweh)
4. El juez ungido (una combinación de los tres)

Como explicaremos más adelante, los apóstoles son básicamente "jueces", excepto que, si bien típicamente solo hay un juez ungido a la vez, puede haber un número variado de apóstoles. El único requisito es que trabajen todos juntos, como parte de un ejército espiritual cohesionado, según el orden de Melquisedec. Sin embargo, mucha gente ignora que tiene que haber orden entre ellos. Deben someterse los unos a los otros en el Espíritu, y luego juntos deben someterse a la palabra de Yahweh. Si no se someten tanto al Espíritu de Yahweh como a Su Palabra, entonces el resultado es caos y confusión. Que, como veremos más adelante, es una definición operacional decente del movimiento mesiánico de Israel.

Una vez que Yeshúa fue ungido como el "Sumo Sacerdote de la orden renovada de Melquisedec", inmediatamente buscó a doce hombres dedicados que ansiosamente dedicarían el resto de sus vidas por el privilegio de unirse al ejército espiritual de Yeshúa, y luego organizar a la gente, para comenzar a llevar la batalla espiritual contra el enemigo.

La Variedad en el Discipulado

Como veremos, Yeshúa estableció un estándar elevado para Sus doce discípulos originales, sin embargo, había otros discípulos en el primer siglo que no cumplían con el mismo estándar establecido por Yeshúa. Pero ¿cómo era posible esto? Para entender la respuesta a esta pregunta, y lo que significa para nosotros hoy, veamos lo que los eruditos llaman "la ley de la primera mención" (o la teoría del primer uso).

La ley de primera mención nos dice que la primera vez que se introduce un concepto, o se da un mandamiento en las Escrituras, establece un estándar o un precedente para todas las escrituras posteriores. Todas las variaciones posteriores a esto serán juzgadas por este estándar. Un ejemplo obvio de esto es el matrimonio. En Génesis 2, el matrimonio se estableció entre un hombre y una mujer, unidos de por vida (como una sola carne).

> Bereshit (Génesis) 2:23-24
> 23 Y Adam (Adán) dijo: "Esta es ahora hueso de mis huesos y carne de mi carne. Se llamará varona, porque del varón fue tomada.
> 24 Por tanto, el hombre dejará a su padre y a su madre y se unirá a su esposa, y se convertirán en una sola carne".

Si bien hay ciertas condiciones donde la poligamia (esposas plurales) es legal (e incluso ordenada), no fue la intención original de Yahweh. Siempre hay un costo espiritual y físico asociado con la poligamia, porque se desvía del estándar original de "una esposa de por vida". Incluso el celibato (que de una manera es un ideal exaltado) conlleva ciertos costos, en el sentido de que no es bueno para los seres humanos estar solos, porque eso se desvía del patrón original de Yahweh.

Otro ejemplo de la ley de primera mención es cómo, durante la conquista de Canaán, Yahweh ordenó que todos los botines de guerra fueran destruidos por completo.

Devarim (Deuteronomio) 7:23-26
23 Mas Yahweh tu Elohim los entregará a ti, e infligirá derrota sobre ellos hasta que sean destruidos.
24 Y entregará sus reyes en tu mano, y tú destruirás su nombre de debajo del cielo; nadie podrá estar en tu contra hasta que los hayas destruido.
25 Quemarás las imágenes de sus dioses con fuego; no codiciarás la plata, ni el oro que está sobre ellos, ni lo tomarás para ti, no sea que te enredes con él; porque es abominación para Yahweh tu Elohim.
26 Y no traerás abominación a tu casa, para que no seas condenado a la destrucción como ellos. La detestarás por completo y la aborrecerás por completo, porque es anatema.

Sin embargo, durante la conquista de Jericó, Acán, hijo de Carmi, tomó de los despojos prohibidos y los guardó para sí mismo. Este pecado hizo que Israel fuera derrotado por los hombres de Hai. Cuando esto fue descubierto, Acán fue ejecutado por desobedecer el mandamiento de Yahweh.

Yejoshúa (Josué) 7:18-26
18 Luego los llamo, un hombre a la vez, y fue tomado Acán, hijo de Carmi, hijo de Zabdi, hijo de Zera, de la tribu de Judah.

19 Y Yejoshúa dijo a Acán: "Hijo mío, te lo ruego, glorifica a Yahweh, Elohim de Israel, y confía en Él, y dime ahora lo que has hecho, no me lo encubras".

20 Y Acán respondió a Yejoshúa, y dijo: De hecho, he pecado contra el Elohim de Israel, Yahweh, y esto es lo que he hecho.

21 Cuando vi entre los despojos una hermosa ropa de Babilonia, doscientos siclos de plata y una cuña de oro de un peso de cincuenta siclos, los codicié y los tomé. Y allí están ellos, escondidos en la tierra en medio de mi tienda, con la plata debajo de ella".

22 Entonces Yejoshúa envió mensajeros, y ellos corrieron a la tienda; y allí estaba, escondido en su tienda, con la plata debajo de él.

23 Y los tomaron de en medio de la tienda, y los trajeron a Yejoshúa y a todos los hijos de Israel, y los pusieron delante de Yahweh.

24 Entonces Yejoshúa, y todo Israel con él, tomó a Acán hijo de Zera, la plata, la ropa, la cuña de oro, sus hijos, sus hijas, sus bueyes, sus asnos, sus ovejas, su tienda, y todo lo que él tenía, y los trajeron al Valle de Acor.

25 Y Yejoshúa dijo: ¿Por qué nos has turbado? Yahweh te afligirá hoy. Entonces todo Israel los apedreó; y los quemaron con fuego después de apedrearlos.

26 Entonces levantaron sobre él un gran montón de piedras, que sigue allí hasta el día de hoy. Entonces Yahweh se apartó del ardor de su ira. Por eso, el nombre de ese lugar fue llamado el Valle de Acor, hasta el día de hoy.

El castigo de Acán por la desobediencia muestra que la paga del pecado es muerte. Después de que Yahweh estableció este estándar, más tarde permitió que los hijos de Israel guardaran el ganado y los despojos de la guerra, siempre que destruyeran al rey enemigo, y su ciudad.

Yejoshúa (Josué) 8:1-2
1 Yahweh dijo a Yejoshúa: "No temas, ni desmayes, toma a toda la gente de la guerra contigo, y levántate, sube a Hai. Mira, he entregado en tu mano al rey de Hai, su pueblo, su ciudad, y su tierra. 2 Y harás con Hai y con su rey como hiciste con Jericó y con su rey. Solo tomarán como botín sus despojos y sus ganados. Haz una emboscada a la ciudad detrás de ella".

Los militares modernos siguen este mismo patrón, aunque establecen altos estándares de disciplina durante el entrenamiento básico. El estándar de disciplina se puede relajar una vez que los reclutas llegan a la unidad, pero si alguna vez hay problemas de disciplina, los estándares altos vuelven a reintroducirse rápidamente.

Si bien la mayoría de los eruditos se dan cuenta de que la ley de la primera mención se desarrolla en todo el Tanaj (Antiguo Testamento), pocos se dan cuenta de que también se desarrolla en el Pacto Renovado (Nuevo Testamento) con respecto a los discípulos. En Lucas 14:26-33, Yeshúa nos dice que para ser Su discípulo debemos aborrecer nuestras propias vidas y a nuestras familias, y llevar nuestras propias cargas. También debemos, literalmente, dejar nuestras vidas en este mundo, abandonando todo lo que tenemos.

Luqa (Lucas) 14: 26-33
26 "Si alguno viene a Mí y no aborrece a su padre y madre, a su esposa e hijos, a sus hermanos y

hermanas, sí, y también a su propia vida, no puede ser Mi discípulo.

27 Y el que no lleva su cruz [o madero] y viene en pos de Mí, no puede ser Mi discípulo.

28 ¿quién de ustedes, con la intención de construir una torre, no se sientan primero y calcula los costos, para ver si tiene para terminarla?

29 no sea que, después de que haya puesto los cimientos, y no pueda terminarla, todos comiencen a burlarse de él,

30 diciendo: "Este hombre comenzó a construir y no pudo terminar".

31 ¿O qué rey, yendo a hacer guerra contra otro rey, no se sienta primero y considera si puede con diez mil encontrar al que viene contra él con veinte mil?

32 O bien, mientras que el otro todavía está muy lejos, envía una delegación y le pide condiciones de paz.

33 Así mismo, cualquiera que no abandone todo lo que tiene, no puede ser Mi discípulo".

Cuando Yeshúa invitó a los discípulos a seguirlo, inmediatamente abandonaron sus redes (es decir, sus vidas en el mundo) y comenzaron a ayudarlo a hacer crecer Su reino espiritual. Esta es una expresión perfecta de la ley de la primera mención, en el sentido de que establece un perfecto y alto estándar.

Mattityahu (Mateo) 4: 18-22

18 Y Yeshúa, caminando junto al mar de Galilea, vio a dos hermanos, Shimón llamado Kefa, y Andrés su hermano, echando una red en el mar; porque ellos eran pescadores.

19 Entonces les dijo: Síganme, y los haré pescadores de hombres.

20 De inmediato dejaron sus redes y lo siguieron.

21 Partiendo de allí, vio a otros dos hermanos, Yaakov, hijo de Zebedeo y Yojanán su hermano, en el barco con su padre Zebedeo, remendando sus redes. Él los llamó,
22 e inmediatamente dejaron el bote y a su padre, y lo siguieron.

Asimismo, Yeshúa le dijo al joven rico que, antes de poder entrar en el reino de Elohim, primero tenía que renunciar a todas sus posesiones físicas. Tenía que demostrar que valoraba más las cosas del Espíritu que lo que valoraba el mundo material.

Mattityahu (Mateo) 19: 16-30
16 Y he aquí, uno fue y le dijo: "Maestro bueno, ¿qué bien haré para tener la vida eterna?"
17 Entonces le dijo: "¿Por qué me llamas bueno? Nadie es bueno sino Uno, es decir, Elohim. Pero si quieres entrar en la vida, guarda los mandamientos".
18 Y le dijo: ¿Cuáles? Yeshúa dijo: "No matarás", "No cometerás adulterio", "No robarás", "No darás falso testimonio".
19 "Honra a tu padre y a tu madre", y "Amarás a tu prójimo como a ti mismo".
20 El joven le dijo: "Todo esto lo he guardado desde mi juventud. ¿Qué es lo que aún me falta?"
21 Yeshúa le dijo: "Si quieres ser perfecto, ve, vende lo que tienes y dalo a los pobres, y tendrás tesoro en el cielo, y luego ven y sígueme".
22 Pero cuando el joven oyó esa palabra, se fue triste, porque tenía grandes posesiones.
23 Entonces Yeshúa dijo a Sus discípulos: "En verdad, les digo que es difícil para un hombre rico entrar en el reino de los cielos.

24 Y otra vez les digo, es más fácil que un camello pase por el ojo de una aguja que un rico entre en el reino de Elohim".

25 Cuando lo oyeron Sus discípulos, se asombraron grandemente, diciendo: "¿Quién podrá salvarse?"

26 Pero Yeshúa los miró y les dijo: "Para los hombres esto es imposible, pero con Elohim todo es posible".

27 Entonces Kefa respondió y le dijo: "Mira, hemos dejado todo y te hemos seguido. Por tanto, ¿qué tendremos?"

28 Entonces Yeshúa les dijo: "Les aseguro que, en la regeneración, cuando el Hijo del Hombre se siente en el trono de su gloria, ustedes que me han seguido, también se sentarán en doce tronos, juzgando a las doce tribus de Israel.

29 Y cualquiera que haya dejado casas, o hermanos, o hermanas, o padre, o madre, o mujer, o hijos, o tierras, por Mi nombre, recibirá cien veces más, y heredará la vida eterna.

30 Pero muchos de los primeros serán los últimos y los últimos primero".

Otros creyentes hicieron algo similar cuando vendieron las tierras y bienes que tenían en exceso, y pusieron los fondos a los pies de los apóstoles, para que fueran usados para el ministerio.

Ma'asei (Hechos) 4: 34-35

34 Tampoco había nadie entre ellos que fuera pobre; porque todos los que poseían tierras o casas las vendían, y traían el producto de las cosas que se vendían,

35 y las ponían a los pies de los apóstoles; y distribuyeron a cada uno según su necesidad.

Mientras que a algunos de los primeros discípulos se les exigió vender todas sus posesiones, otros discípulos solo tenían que vender sus casas y tierras en exceso. Esto tiene sentido, ya que la mayoría de los discípulos estaban casados, y necesitaban un lugar para albergar a sus familias (y huéspedes).

Ma'asei (Hechos) 21:16
16 También algunos de los discípulos de Cesarea vinieron con nosotros y trajeron con ellos a un tal Mnason de Chipre, un antiguo discípulo, con quien debíamos hospedarnos.

De hecho, al menos uno de los discípulos de Yeshúa era rico, y no vendió todas sus cosas.

Mattityahu (Mateo) 27:57
57 Cuando llegó la noche, vino un hombre rico de Arimatea, llamado José, que también se había convertido en discípulo de Yeshúa.

¿Cómo podemos entender estas aparentes contradicciones? De acuerdo con la ley de primera mención, los doce discípulos originales cumplieron con el estándar perfecto de Yeshúa. Literalmente abandonaron todas sus posesiones físicas y pasaron el resto de sus vidas buscando promover Su reino. Sin embargo, después de establecerse este estándar perfecto, se relajó para aquellos que no fueron llamados a abandonar todas sus posesiones materiales y así pudieran seguir sirviendo al Reino, en la medida en que se sintieran conducidos.

Las academias Cristianas comúnmente aplican los siguientes cuatro principios al discipulado:

1. Memorizar las palabras de Yeshúa (aprender)
2. Aplicar las palabras de Yeshúa a la vida (aplicar)
3. Imitar a Yeshúa (vivir conforme a Sus palabras)
4. Hacer más discípulos (replícate a ti mismo)

Para aplicar estos principios al 100 por ciento, debemos dejar atrás todas nuestras posesiones físicas, unirnos al orden de Melquisedec y pasar el resto de nuestra vida construyendo activamente el reino de Yeshúa. Sin embargo, incluso si no nos sentimos dirigidos a este punto, aún podemos aplicar estos cuatro principios a nuestras vidas. La recompensa no es tan buena, pero, así como José de Arimatea aún podría ser un discípulo de Yeshúa sin abandonar toda su riqueza, ya que aun así, tuvo recompensa. Simplemente debemos aplicar estos principios en la medida en que nos sentimos conducidos por Su Espíritu.

¿Cómo podemos saber cuánto quiere Elohim que le demos? La respuesta "simplemente da todo" no es necesariamente correcta. La respuesta correcta es orar, escuchar a Su Espíritu y obedecer lo que escuchamos. Si no permanecemos en Su Espíritu (aliento), entonces estamos separados de Él, y no Le servimos realmente. El principio clave en esto es; respirar, orar y escuchar.

Yojanán (Juan) 15: 4-8
4 "Permanezcan en MÍ, y Yo en ustedes. Como la rama no puede dar fruto por sí misma, a menos que permanezca en la vid; ustedes tampoco pueden, a menos que permanezcan en Mí".
5 "Yo soy la vid, ustedes las ramas. El que permanece en Mí, y Yo en él, lleva mucho fruto; porque sin Mí nada pueden hacer".
6 "Si alguno no permanece en Mí, será echado afuera como una rama, y se secará; y las recogen y las arrojan al fuego, y se queman".

7 Si permanecen en Mí, y Mis palabras permanecen en ustedes, pidan todo lo que deseen, y les será hecho.

8 En esto, Mi Padre es glorificado, en que lleven mucho fruto; entonces ustedes serán Mis discípulos".

Si oramos, escuchamos y obedecemos lo que Su Espíritu (aliento) nos dice, entonces verdaderamente somos Sus discípulos, en cualquier medida (y en cualquier capacidad) que Él nos guíe. Debemos hacer todo en lo que, honesta y verdaderamente, nos sentimos guiados, sabiendo que somos responsables solo ante Elohim.

Yeshúa era un Nazareo célibe, que dedicó todo Su tiempo, Sus posesiones y Su vida para ayudar a traer de vuelta de su apostasía a los hijos perdidos y dispersos de Israel. Él no vivió su vida para Sí mismo, sino para Sus hermanos y hermanas en Israel. Pasó Su vida promoviendo el reino de Su Padre aquí en la tierra. Debido a que la misión de Yeshúa era dar todo lo que tenía, y debido a que Él cumplió Su misión, Su recompensa (y Su amor) está completa.

Pero ¿qué diremos entonces de Abraham o el rey David? ¿Habrían recibido una mejor recompensa si hubieran sido Nazareos célibes? No, en verdad habrían recibido menos recompensa, porque no estarían caminando en el camino que Yahweh escogió para ellos. Todos deberíamos alegrarnos de que no trataran de ser célibes, pues Yahweh les había mandado a multiplicarse y ser fructíferos, si no fuera así ninguno de nosotros estaría aquí hoy.

Lo que vemos, entonces, son dos caminos legítimos para los discípulos. Una es unirse al sacerdocio a tiempo completo, dejando atrás todas nuestras posesiones físicas, y yendo al campo misionero (en cualquier nación que se nos llame). El otro camino legítimo es criar niños, de la forma en que deberían ser criados en el camino de Yahweh, y al mismo tiempo, apoyar financieramente al sacerdocio y también realizar actividades de alcance local. Cuando el sacerdocio funciona internacionalmente, y el resto de los discípulos trabajan localmente, juntos podemos traer más creyentes a Yeshúa. Discutimos esto con más detalle en *El Gobierno de la Torah.*

¿Qué es Realmente la Torah?

Yahweh está siguiendo un plan metódico para restaurar a la humanidad caída. El primer paso fue encontrar un hombre que obedeciera Su voz y salvara a su familia de una inundación. El siguiente paso fue encontrar un hombre que estuviera dispuesto a dejar su hogar y su familia, y residir en una tierra que él no conocía.

> Bereshit (Génesis) 12: 1-3
> 1 Y Yahweh le había dicho a Abram: "Sal de tu tierra, de tu familia, y de la casa de tu padre, a la tierra que Te mostraré".
> 2 Y Te haré una gran nación; Te bendeciré y engrandeceré tu nombre; Y serás una bendición.
> 3 Bendeciré a los que te bendigan, y maldeciré al que te maldiga; Y en ti todas las familias de la tierra serán bendecidas".

Los descendientes de Abram descendieron a Egipto, donde fueron afligidos por Faraón; lo cual sirvió para unirlos como pueblo. Luego, una vez formada la identidad nacional de Israel, Yahweh envió a Moshé (Moisés) para sacarlos de Egipto y darles un gobierno centralizado. Por lo tanto, se convirtieron en una nación bajo un gobierno, a pesar de que solo tenían la promesa de una tierra a la cual llamar hogar.

Además de un gobierno civil, Yahweh le dio a Israel un sacerdocio organizado para que sirviera como su gobierno espiritual. Sin embargo, Israel no se dio cuenta de que el objetivo de esta organización era que ellos escucharan y obedecieran la voz de Yahweh; Por lo cual, al igual que Adam y Java (Eva), los cuales desobedecieron la voz de Yahweh, los Israelitas tuvieron que ser expulsados de la tierra de Yahweh.

Efraim entró en el cautiverio espiritual de Asiria, y Judah entró en el exilio espiritual en Babilonia; y aunque el 10 por ciento de Judah regresó a la tierra de Israel en los días de Esdras y Nehemías, los rabinos siguieron manteniéndolos en opresión espiritual bajo su falsa versión de la Torah.

El Mesías Príncipe fue enviado para disipar este caos. Él declaró guerra espiritual contra los rabinos por engañar a Su pueblo. Habiendo recibido la unción del Espíritu, estableció un nuevo sacerdocio basado en el orden de Melquisedec, para que Su pueblo tuviera un liderazgo limpio cuando llegaran a la verdad.

Así como Abram dejó su hogar y la casa de su padre, los sacerdotes de Yeshúa también dejarían sus hogares y las casas de sus padres y entrarían en todas las naciones del mundo, en aquellas tierras que Yahweh les mostraría por medio de Su Espíritu. Y allí harían aún más discípulos, para servir como un cuerpo de oficiales en Su ejército espiritual en todo el mundo, enseñándoles a hacer todo lo que Yeshúa les había dicho.

Mattityahu (Mateo) 28:18-20
18 Y Yeshúa vino y les habló, diciendo: "Toda autoridad me ha sido dada en el cielo y en la tierra.
19 "Vallan, pues, y hagan discípulos en todas las naciones, sumergiéndolos en Mi Nombre*;
20 enséñenles a guardar todas las cosas que les he mandado; y he aquí, Yo estoy con ustedes siempre, y hasta el fin de los tiempos". Amén.

[* Para ver por qué nos sumergimos solo en el nombre de Yeshúa, consulta "La Inmersión solo en el nombre de Yeshúa", en Estudios Escriturales Nazarenos, Volumen Tres].

Algunas personas creen que el objetivo de nuestra fe es simplemente conocer a Yeshúa. ¡Esto es un error! De hecho, el objetivo de nuestra fe es convertirnos en la novia de Yeshúa, y una novia bíblica se describe como una ayuda idónea. Si no sabemos que Yeshúa fue enviado como "un príncipe guerrero" en una misión para levantar un ejército espiritual y establecer un reino literal aquí en la tierra (con el objetivo de someter la tierra), entonces nunca vamos a poder darnos cuenta de que hacer para ayudarlo, o complacerlo, y todos nuestros esfuerzos resultarán en vano.

Yeshúa fue enviado para llevar la guerra espiritual al mundo, liberando a los cautivos espirituales en cada país. Como fue en los días de Abraham, y como lo fue en los días de Moshé, los discípulos serían una nación sin una tierra física a la cual llamar hogar, sin embargo, todavía necesitaron una forma de gobierno espiritual unificado. Sin ese gobierno espiritual unificado, el movimiento pronto se quedaría sin liderazgo y desorientado, lo que los haría presa fácil del enemigo. Esta necesidad de unificarse y operar como una sola fuerza de combate es la razón por la cual se describe el templo espiritual construido sobre el fundamento de los apóstoles y los profetas (que sirven como núcleo de liderazgo).

Efesim (Efesios) 2:19-22
19 Ahora, pues, ya no son peregrinos ni extranjeros, sino conciudadanos con los santos y miembros de la casa de Elohim,
20 habiendo sido edificados sobre el [único] fundamento de los apóstoles y profetas, siendo el mismo Mesías Yeshúa, la principal piedra angular,
21 en quien todo el edificio, bien coordinado, va creciendo para ser un [solo] templo apartado de Yahweh,

22 en el cual tú también estás siendo edificado como una morada de Elohim en el Espíritu.

Ya vimos que el Catolicismo se extendió fuera de la tierra de Israel mucho más rápido que la fe Nazarena, ya que prometía la vida eterna sin tener que guardar la Torah de Moshé. Sin embargo, este asunto de lo que realmente significa *"guardar la Torah"* no es comprendido hoy en día. No podemos "guardar" la Torah a menos que entendamos lo que significa esto. Dediquemos un tiempo a explorar este tema en detalle ahora.

Como vimos anteriormente, el término Torah a menudo se traduce como *"ley"*, porque las instrucciones de nuestro Creador tienen el peso de la ley. Sin embargo, esta palabra se traduce literalmente como *instrucción*. También vimos que hay tres sacerdocios separados mencionados en la Torah de Moshé (los primeros cinco libros de Moisés), y cada uno de ellos tiene su propio conjunto único de instrucciones de operación (Torah):

1. El sacerdocio de Melquisedec.
2. El sacerdocio de los primogénitos.
3. El sacerdocio Levítico.

Dentro de la Torah de Moshé hay tres Torot (plural de Torah) operando por separados. Es decir, cuando obedecemos la Torah de Moshé, debemos apoyar ya sea el sacerdocio de Melquisedec (que opera de acuerdo con la Torah de Melquisedec), el sacerdocio de los primogénitos (que opera de acuerdo con su Torah) o el sacerdocio Levítico (que opera de acuerdo con la Torah Levítica). Mientras estemos apoyando al sacerdocio activo (que opera de acuerdo con su propio conjunto único de instrucciones), entonces estamos obedeciendo la Torah de Moshé.

Tenemos que entender que las reglas que operan dentro de la tierra de Israel son muy diferentes de las reglas que operan fuera de la tierra de Israel. Dentro de la tierra de Israel, es probable que el sacerdocio Levítico sea reactivado, y la Torah Levítica se active y nos llamé a llevar sacrificios de animales al templo tres veces al año. Fuera de la tierra de Israel, sin embargo, no existe tal templo, por lo tanto, no es necesario reunirse en él, ya que nuestra misión principal no es reunir a la familia (Israel) para reuniones familiares (es decir, las fiestas) tres veces al año. Nuestra misión principal es llevar las Buenas Nuevas a los hijos perdidos y dispersos de Abraham e Israel, y reunirlos como uno solo en Yeshúa el Mesías.

En un capítulo anterior vimos cómo Yeshúa fue a Yojanán HaMatbil (Juan el Inmersor) para ser purificado ritualmente para poder recibir Su unción como el Rey y Sumo Sacerdote según la orden de Melquisedec. En ese momento, la unción pasó de la "orden rabínica" a la "renovada orden de Melquisedec" de Yeshúa. Lo que necesitamos darnos cuenta aquí es que las instrucciones (Torah) también cambiaron en ese momento, porque el sacerdocio de Yeshúa tenía una misión diferente a la que tenía la orden Levítica. Es por eso que Hebreos 7:12 nos dice que cuando se cambió el sacerdocio, también hubo (necesariamente) un cambio en el conjunto de instrucciones del servicio activo (Torah).

Ivrim (Hebreos) 7:12
12 Porque cambiado el sacerdocio, necesario es que haya también un cambio de la Torah.

Los rabinos han causado mucha confusión al definir la Torah de Moshé como una lista de verificación de 613 mandamientos. Esto hace que parezca que Yahweh le dio a Israel una lista de 613 cosas de *que hacer y qué no hacer*, y que mientras Israel no violara ninguna de estas 613 leyes, automáticamente formarían parte de Su novia. Sin embargo, como vimos anteriormente, los rabinos pasan por alto el requisito de escuchar y obedecer la "pequeña voz" espiritual de Yahweh (con el fin de poder enseñarle a la gente a obedecer sus propias opiniones mayoritarias).

Contrariamente a lo que enseñan los rabinos, "guardar la Torah" no exige una rígida obediencia a una lista fija de leyes. Por el contrario, "guardar la Torah" es una condición del corazón en el que ansiosamente buscamos complacer a nuestro Esposo siguiendo Sus instrucciones. Esto puede parecer un fino punto de distinción, pero es fundamental que lo entendamos.

Cuando una novia decide ponerse bajo la cobertura de su marido, toma la decisión consciente de obedecerlo. Si su esposo le da un conjunto de instrucciones hoy, y luego le da un conjunto diferente de instrucciones mañana (tal vez porque la situación es distinta), ella no estará "manteniendo sus instrucciones" si insiste en hacer lo que dijo que se hiciera ayer. Por el contrario, solo permanece bajo la cobertura de su esposo si acepta sus nuevas instrucciones (de hoy).

Cuando nos sometemos a Yahweh y aceptamos Su cobertura, esto implica que obedeceremos Su voz, tanto hoy como mañana, sin importar hacia dónde nos guíe, y no importa si Sus instrucciones cambian. Si insistimos en hacer solo lo que Él dijo que hiciéramos en Egipto, y no aceptamos seguir Su nueva instrucción dada en el Sinaí, esto no es estar guardando Su Torah.

Yahweh les dijo a los Israelitas que moraran en la tierra que Él les daría. Sin embargo, cuando Judah desobedeció a Yahweh, Yahweh envió un mensaje a través de Jeremías que debían ir a Babilonia, vivir y tener hijos allí.

Yirmeyahu (Jeremías) 29:4-7
4 "Así dice Yahweh de los ejércitos, el Elohim de Israel, a todos los que fueron llevados cautivos, a quienes Yo hice que fueran llevados de Jerusalem a Babilonia:
5 Construyan casas y vivan en ellas; planten jardines y coman sus frutas.
6 Tomen esposas y engendren hijos e hijas; y tomen esposas para sus hijos y den sus hijas a sus maridos, para que puedan dar a luz hijos e hijas, para que allí sean aumentados y no disminuidos.
7 Y busquen la paz de la ciudad donde Te haré ser llevado cautivo, y ruega a Yahweh por ellos; porque en su paz tendrás paz".

Yahweh nunca le dijo a Israel que buscara la paz de Babilonia en los primeros cinco libros de Moshé, sin embargo, esta fue Su instrucción (Torah) durante la dispersión. Sin embargo, algunas personas son tan necias y tan sordas, que se niegan a creer que Yahweh haya dicho esto, porque va en contra de lo que Yahweh dijo que haría en los primeros cinco libros de Moshé. Parecen ir más allá del concepto de que los primeros cinco libros de Moshé son solo un registro de lo que Yahweh le habló a Israel en el desierto, y que lo que realmente quiere Yahweh es que escuchemos atentamente Su voz en todo momento. Si hacemos esto estamos verdaderamente bajo Su instrucción.

Lo que confunde es que algunas de las instrucciones que Yahweh dio en el Monte Sinaí se dieron como órdenes permanentes, y otras no. Por ejemplo, cuando vivamos en la tierra de Israel, se nos dice que vayamos a Jerusalem tres veces al año. Sin embargo, estas órdenes permanentes no se aplican cuando vivimos fuera de la tierra de Israel, o cuando escuchamos la voz de Yahweh ordenándonos lo contrario. Las instrucciones pueden cambiar dependiendo de la situación. Para entender mejor lo que queremos decir, consideremos el ejemplo de las leyes de tránsito y el policía de tráfico.

Hoy tenemos leyes de tráfico; sin embargo, si un agente de tránsito nos indica que vayamos en contra del flujo normal del tráfico, seguimos obedeciendo la ley, incluso si estamos incumpliendo la letra de la ley. Esta es una analogía perfecta de cómo el Espíritu de Yahweh puede ordenarnos que hagamos algo que está en contra del conjunto normal de órdenes permanentes. Por ejemplo; Yahweh le ordenó a Eliyahu (Elías) que se escondiera en el arroyo de Qerith durante un año. A pesar de que el arroyo Qerith está dentro de la tierra de Israel, Eliyahu no subió a Jerusalem para las fiestas (porque le dijeron que se escondiera).

Malajim Alef (1 Reyes) 17:1-3
1 Y Elías Tisbita, de los que moraban en Galaad, dijo a Acab: Vive Yahweh, Elohim de Israel, delante de quien yo estoy, que no habrá lluvia ni rocío en estos años, sino bajo mi palabra.
2 Entonces vino a él la palabra de Yahweh, diciendo:
3 "Aléjate de aquí y gira hacia el este, y escóndete junto al arroyo Qerith, que desemboca en el Jordán".

Cualquier ejército tiene reglas permanentes. Por ejemplo, puedes tener una orden permanente para reunirte a las 06:00 horas; pero si tu comandante te dice que hagas otra cosa, no debes discutir con él. Además, si tu comandante decide darte un nuevo conjunto, y diferente, de órdenes permanentes, porque la guerra se está moviendo a una nueva fase de operaciones, tu no discutes, solo obedeces. Esto es lo que sucedió en el primer siglo.

Entre otras razones, Yahweh había ordenado a la gente que fuera a Jerusalem tres veces al año, porque sabía que serviría como una experiencia común que unificaría a la gente. Sin embargo, después de la llegada de Yeshúa, ya no era el tiempo para que la gente se reuniera alrededor de un templo. Yeshúa no era un Levita, y no tenía autoridad sobre un sacerdocio Levítico renovado. Además, los linajes Levíticos se perdieron, y Yeshúa no hizo ningún esfuerzo por restablecerlos. Además, un sacerdocio Levítico necesita un templo, y no habría un templo físico en la siguiente fase de la campaña de guerra espiritual de Yeshúa.

Un templo físico ayuda a enseñar a la gente la necesidad de obedecer la letra de la Torah (y que la paga del pecado es la muerte). Sin embargo, un templo físico solo puede servir en un área geográfica limitada, y ahora era el momento de ir por todas las naciones, haciendo discípulos en el nombre de Yeshúa, comenzando a reunir a los hijos perdidos y dispersos de Abraham e Israel dispersos en las naciones. Esta era una distinta y nueva fase en la campaña de la guerra espiritual, y requería una nueva y diferente forma de organización. A pesar de lo difícil que podría ser entenderlo, exigía un nuevo y diferente conjunto de instrucciones de funcionamiento (una nueva Torah).

Así como el sacerdocio Levítico tuvo que organizarse para operar como un solo sacerdocio, con la máxima eficiencia, los sacerdotes de Yeshúa tendrían que estar organizados para operar eficientemente. Por lo tanto, los mismos principios regirán el orden de Melquisedec, ya que han operado a lo largo de toda la historia de Israel.

En el último capítulo vimos que Elohim ha estado guiando cuidadosamente a Israel a través de una serie de pasos de aprendizaje y crecimiento. En el momento justo, Él les dio oficios separados para el rey, el sacerdote y el profeta. También está el oficio del juez ungido, que es una combinación especial de los tres.

1. El rey (ejército físico)
2. El sacerdote (ejército espiritual)
3. El profeta (comunicación con Yahweh)
4. El juez ungido (una combinación de los tres)

En *El Gobierno de la Torah* también explicamos que los apóstoles son básicamente jueces ungidos en los tiempos del Pacto Renovado (Nuevo Testamento). Sin embargo, dado que hay numerosos apóstoles, y se supone que todos deben trabajar juntos, debe haber un medio para proporcionar orden, de modo que haya unidad y eficiencia. Este sistema de orden se llama el *ministerio quíntu*ple, y es una disciplina que todos los ministros quíntuples deben obedecer.

En Efesios 2:19-22 se nos dice que el templo espiritual de Yeshúa (es decir, Su cuerpo) se construirá sobre un fundamento de apóstoles y profetas. Esto significa que todos deben trabajar juntos, como parte de la misma organización (no hay otra opción). Operar independientemente, como lo hacen muchos ministros, es romper las Escrituras.

Efesim (Efesios) 2:19-22

19 Así que verdaderamente ustedes ya no son extraños ni extranjeros, sino ciudadanos con los santos y miembros de la casa de Elohim,

20 habiendo sido edificados sobre el [único] fundamento de los apóstoles y profetas, siendo el mismo Mesías Yeshúa, la principal piedra angular,

21 en el cual todo el edificio, bien unido, se convierte en un templo santo en Yahweh,

22 en el cual tú también estás siendo edificado como una morada de Elohim en el Espíritu.

Para decirlo en términos simples, no existe una "asamblea independiente que crea en la Biblia" o un "ministro independiente creyente en la Biblia". Efesios 2:19-22 requiere que todos los ministros operen juntos en un solo fundamento doctrinal de apóstoles y profetas, hacer lo contrario es ir en contra de Efesios 2:19-22.

Estos principios de organización y liderazgo unificado son tan esenciales hoy como lo fueron en el día cuando Yahweh llamó a Israel a salir de Egipto. Es en virtud de estos principios inmutables que Israel puede operar como una fuerza de combate unificada. Romper estos principios es romper el pegamento que mantiene unido al ejército de Elohim, razón por la cual es tan asombroso que tantos ministros (que dicen trabajar para Yahweh) estén realmente promoviendo la agenda de Satanás al operar independientemente, buscando sus propios intereses, en lugar de operar en unidad.

En el próximo capítulo veremos cómo los apóstoles también operaron en este fundamento unificado cuando surgió una discusión doctrinal en Hechos 15.

La Novia Unida de Yeshúa

Anteriormente vimos cómo Yeshúa les dio a Sus discípulos una gran comisión de ir a todas las naciones y levantar más discípulos. Como veremos, estos discípulos debían servir como el cuerpo unificado de oficiales de Su ejército espiritual.

Mattityahu (Mateo) 28:18-20
18 Y Yeshúa se acercó y les habló diciendo: Toda potestad me es dada en el cielo y en la tierra.
19 "Vallan, pues, y hagan discípulos en todas las naciones, sumergiéndolos en Mi Nombre*;
20 enséñenles a guardar todas las cosas que les he mandado; y he aquí, Yo estoy con ustedes siempre, y hasta el fin de los tiempos". Amén.

[*Para ver por qué nos sumergimos solo en el nombre de Yeshúa, consulta "La Inmersión solo en el nombre de Yeshúa", en *Estudios Escriturales Nazarenos, Volumen Tres*].

El ejército de Yeshúa no solo predicó las Buenas Nuevas a los cautivos espirituales de Judah y Efraim en todas las naciones, sino que también proporcionó liderazgo espiritual mundial entre quienes lo aceptaron.

¿Pero cómo se supone que deben organizarse los sacerdotes de Yeshúa? En Efesios 4, El apóstol Shaul (Pablo) nos dice que Elohim mismo dio cinco diferentes dones ministeriales, los que son llamados como: apóstoles, profetas, evangelistas, pastores y maestros. Todos sus ministros deben trabajar juntos como uno en lo que se es llamado "el *orden ministerial quíntuple*".

Efesim (Efesios) 4:11-16

11 Y Él mismo constituyo algunos como apóstoles, a otros profetas, a otros evangelistas, y a otros pastores y maestros,

12 para perfeccionar a los santos para la obra del ministerio, para la edificación del cuerpo del Mesías,

13 hasta que todos lleguemos a la unidad de la fe y del conocimiento del Hijo de Elohim, a un hombre maduro, a la medida de la estatura de la plenitud del Mesías;

14 para que ya no seamos niños, arrojados de un lado a otro y llevados por cada viento de doctrina, por hombres fraudulentos, en astutas trampas engañosas,

15 sino que, hablando la verdad en amor, podamos crecer en todo, en Aquel que es la cabeza, el Mesías,

16 de quien todo el cuerpo, bien ajustado y unido por lo que proporciona cada articulación, de acuerdo con el trabajo adecuado, por el cual cada parte hace su parte, causa el crecimiento del cuerpo para la edificación de sí mismo en amor.

El gobierno de Yeshúa no es diferente a nuestros gobiernos terrenales; todos los diferentes tipos de trabajadores tienen que trabajar juntos.

Si eres un gran rey, y tienes 144.000 ovejas, y tienes doce pastores que trabajan para ti, quieres que uno de ellos tome la iniciativa y coordine las acciones de los otros once. Luego puedes asignarles a los que son buenos en la crianza de heno, para trabajar en el heno; asignarles a los que son buenos en la reparación de graneros y hacer cercas para esas tareas; y tomar a los que son verdaderamente buenos con las ovejas para que atiendan las necesidades de las ovejas en el día a día. Su preocupación general es velar por los mejores intereses, pero hace esto atendiendo las necesidades del resto de los pastores menores, quienes a su vez atienden las necesidades de las ovejas. La organización juega un papel clave para hacer que las cosas sucedan con máxima eficiencia.

Si no hay un sistema de organización central, los pastores menores no podrán operar con su máxima eficacia. En su lugar, terminarán discutiendo entre ellos para ver quién controla ciertas ovejas. Esto no ayuda a que los pastores cuiden las ovejas; esto lleva a una actitud de que "cada hombre vela por sí mismo" [o también podríamos decir "cada uno hace lo que bien le parece"]. Esta es la situación en el mundo protestante de hoy.

Todos están mejor atendidos cuando hay alguna forma de servicio gubernamental central. No es sorprendente que esto sea precisamente lo que exige el ministerio quíntuple. Debemos organizarnos por ministerios quíntuples hasta que todos lleguemos a la unidad de la fe (verso 13, arriba). Esto no solo creará la verdadera unidad dentro de Su cuerpo, sino que también nos ayudará a crecer y madurar espiritualmente (es decir, ser más agradables a Yeshúa).

Satanás odia el ministerio quíntuple, precisamente porque conduce a más novias espiritualmente maduras. Satanás quiere que creamos que todo lo que debemos hacer es sentarnos y aprender (haciendo nada). Si queremos agradar a nuestro Esposo, y ser tomados en matrimonio, entonces la Gran Comisión y el ministerio quíntuple no son opcionales. Si no realizamos la Gran Comisión por medio del ministerio quíntuple, entonces no estamos obedeciendo a nuestro Esposo. Y, por lo tanto, no podemos esperar ser tomados en matrimonio.

Yeshúa les dijo a Sus seguidores que si simplemente escuchan lo que Yeshúa dijo que hicieran, pero no lo hacen, serían como un hombre que construyó su casa sobre la arena, y grande sería la pérdida de su casa.

Luqa (Lucas) 6:46-49
46 "Más bien, ¿por qué me llaman ¡Adon, Adon! cuando no hacen las cosas que yo les digo?
47 Cualquiera que viene a Mí, y oye Mis palabras y las hace, les mostraré a quién es semejante:
48 Él es como un hombre que al construir una casa, cavó profundamente y colocó los cimientos sobre la roca. Y cuando vino una inundación, la corriente golpeó con fuerza contra aquella casa, pero no pudo sacudirla, porque estaba fundada sobre la roca.
49 Pero el que oyó pero no obedeció, es como un hombre que sin fundamentos construyó una casa sobre la tierra, contra la cual la corriente golpeó con fuerza, y enseguida cayó. Y la ruina de esa casa fue grande".

Si queremos ser tomados por esposas, tenemos que mantener nuestra parte del pacto matrimonial. Es decir, no solo tenemos que aprender qué es lo que nuestro Esposo quiere que hagamos; también tenemos que hacerlo con entusiasmo, y así cuando Yeshúa regrese estará complacido.

Yeshúa quiere que trabajemos juntos, como un todo. Esto no es fácil, pero la unidad en el cuerpo no es opcional. El apóstol Shaul compara el cuerpo de Yeshúa con un cuerpo humano, y ningún cuerpo humano puede sobrevivir si sus partes no están en contacto entre sí, hasta el punto donde hay intercambio de fluidos corporales. Las separaciones en el cuerpo no le agradan a Yeshúa.

Qorintim Alef (1 Corintios) 12:13-26

13 Porque por un Espíritu fuimos todos sumergidos en un solo cuerpo, ya fueran Judíos o Griegos, ya fueran esclavos o libres, y a todos se nos dio a beber de un mismo Espíritu.

14 Porque, de hecho, el cuerpo no es un miembro, sino muchos.

15 Si el pie dijera: "Porque no soy mano, no soy del cuerpo", no por esto deja de ser del cuerpo

16 Y si la oreja dijera: "Porque no soy ojo, no soy del cuerpo", no por esto deja de ser del cuerpo.

17 Si todo el cuerpo fuera ojo, ¿dónde estaría el oído? Si todo fuera oído, ¿dónde estaría el olfato?

18 Pero ahora Elohim ha puesto los miembros, cada uno de ellos en el cuerpo como Él quiso.

19 Y si todos fueran un solo miembro, ¿dónde estaría el cuerpo?

20 Pero ahora hay muchos miembros, pero un solo cuerpo.

21 Y el ojo no puede decir a la mano: "No te necesito"; ni la cabeza a los pies, "No te necesito".

22 por el contrario, esos miembros del cuerpo que parecen ser más débiles son necesarios.

23 Y aquellos miembros del cuerpo que pensamos que son menos honorables, a estos otorgamos mayor honor; y nuestras partes íntimas tienen mayor decoro,

24 ya que nuestras partes presentables no tienen necesidad. Pero Elohim compuso el cuerpo, dando mayor honor a la parte a la cual le faltaba,

25 a fin de que no haya división en el cuerpo, sino que los miembros tengan el mismo cuidado los unos por los otros.

26 Y si un miembro sufre, todos los miembros sufren con él; o si un miembro es honrado, todos los miembros se regocijan con él.

En siglos pasados, el papado tenía un inmenso poder sobre las naciones Cristianas. Si el Papa excomulgaba a un rey Cristiano por mala conducta, ese rey podría perder su reino. Aunque el papado abusó de este poder, este es el tipo de autoridad al que las Escrituras nos llaman.

Algunos temen a la unidad debido a los abusos que hubo en el pasado. Afirman que no deberíamos organizarnos ni unificarnos porque la iglesia ya está organizada y unificada. Para apoyar su argumento, a menudo citan Apocalipsis 18:4, que nos dice que salgamos de la iglesia, no sea que compartamos sus pecados y recibamos de sus plagas.

Hitgalut (Apocalipsis) 18:4
4 Y oí otra voz del cielo que decía: Salgan de ella, pueblo mío, no sea que participen de sus pecados, y reciban de sus plagas.

El problema con este argumento es que la organización y la unidad no son lo que hacen que una iglesia sea una iglesia. De hecho, hay muchas iglesias que no tienen liderazgo u organización. Más bien, lo que define a una iglesia falsa es una doctrina falsa (teología de reemplazo). Además, no deberíamos evitar la organización, porque las Escrituras nos ordenan que nos organicemos. Efesios 2:20 nos dice que el templo de Yeshúa está supuesto a ser construido sobre una base de apóstoles y profetas.

Efesim (Efesios) 2:19-22
19 Ahora, pues, ya no son peregrinos ni extranjeros, sino ciudadanos con los santos y miembros de la casa de Elohim,
20 habiendo sido edificados sobre el [único] fundamento de los apóstoles y profetas, siendo

Yeshúa el Mesías la principal piedra angular,
21 en el cual todo el edificio, bien unido, se convierte en un templo [singular] apartado en Yahweh,
22 en el cual tú también estás siendo edificado para una morada de Elohim en el Espíritu.

En *El Gobierno de la Torah* explicamos que la razón del fundamento apostólico es para levantar apóstoles y profetas, y es precisamente porque estas son las dos clases de ministros que pueden escuchar la voz de Yahweh. Esta es la clave de todo. Si escuchamos diligentemente la voz de Yahweh, entonces sabemos cómo obedecer la Torah de Melquisedec de Yeshúa; y si no escuchamos Su voz, sino que somos guiados por nuestro propio intelecto, entonces simplemente estamos siguiendo otra religión legalista hecha por hombres. Confiar en la mente humana no funcionó para los Fariseos, y tampoco funcionará para nosotros.

Kefa (Pedro) nos dice que la casa de adoración de Yeshúa se construirá con piedras vivas, que escuchan y obedecen Su voz.

Kefa Alef (1 Pedro) 2:4-6
4 Viniendo a Él como a una piedra viva, rechazada por los hombres, pero preciosa y elegida por Elohim,
5 También ustedes, como piedras vivas, están siendo edificados como una casa espiritual, un sacerdocio apartado, para ofrecer sacrificios espirituales aceptables para Elohim a través de Yeshúa el Mesías.
6 Por lo cual, también está escrito en la Escritura: "He aquí, Yo puse en Sion la principal piedra angular, escogida, preciosa; y el que cree en Él, de ninguna manera será avergonzado".

Para construir un templo de piedra, lo primero es establecer los cimientos, luego son levantadas las paredes. Una vez que el techo está arriba, hay un espacio adentro donde las personas pueden asistir y adorar. Esta analogía describe cómo los ministros quíntuples de Yeshúa deben trabajar juntos. Una vez que los apóstoles y los profetas ya se han unido para formar el fundamento apostólico, los evangelistas, pastores y maestros deben unirse a los apóstoles y profetas, y tomar su lugar en ese fundamento apostólico. Solo cuando todos se juntan en el orden correcto, se construye un templo viviente, donde la gente puede venir y adorar.

No es bueno que los ministros de Yeshúa establezcan ministerios *independientes*. Es como si los sacerdotes Levitas hubieran establecido templos independientes (y rivales) en Jerusalem. La única forma en que Yahweh estaría complacido con ellos es si todos los sacerdotes y Levitas operaran juntos, bajo la dirección del sumo sacerdote terrenal. Cualquier forma distinta no habría sido efectiva o eficiente, y no habría llevado a la unidad de la nación.

Mientras estemos en la dispersión, ciertamente habrá más de un lugar para adorar, pero el liderazgo necesita trabajar en conjunto. Esa es la única forma en que podemos seguir siendo un cuerpo, una nación, un pueblo y, por lo tanto, una fuerza de combate unificada.

En los próximos capítulos veremos cómo los apóstoles se unieron para mantener unidas a las personas bajo una sola doctrina, a pesar de que se encontraban en muchas naciones diferentes del mundo.

Hechos 15 y la Autoridad Rabínica.

En capítulos anteriores vimos cómo Israel tenía un gobierno centralizado y un sacerdocio Levítico organizado mientras aún estaban en el desierto. Esto muestra que es posible tener un sacerdocio organizado, aun estando fuera de la tierra de Israel. Tengamos esto en cuenta.

También vimos cómo el Mesías Príncipe vino a retomar la campaña espiritual para restaurar al Adam caído en una nueva fase. El enfoque ya no estaría en ofrecer sacrificios de animales en un templo, sino en enviar discípulos a todas las naciones para establecer un sacerdocio según el orden de Melquisedec a nivel global. Este sacerdocio mundial de Melquisedec llamaría a los hijos perdidos y dispersos de Abraham e Israel de cada familia y de cada clan. Más tarde, generaciones después, un remanente de ellos comenzaría un lento retorno a su herencia en Israel.

Además, aprendimos que el sacerdocio Levítico no tuvo una herencia en la tierra de Israel. Asimismo, Yeshúa dijo que para ser Su discípulo (es decir, un sacerdote del orden de Melquisedec), un hombre tenía que abandonar todo lo que tenía. Este fue el precio de servirlo a Él y a Su pueblo.

Luqa (Lucas) 14:33
33 "Del mismo modo, cualquiera que no abandone todo lo que tiene, no puede ser Mi discípulo".

Aunque los sacerdotes no debían tener posesiones, el ministerio aún necesitaría financiación para llevar a cabo la Gran Comisión, por lo cual las personas vendían sus posesiones (Hechos 2 y 4), y daban las ganancias a los apóstoles.

Ma'asei (Hechos) 4:32-35
32 Y la multitud de los que habían creído eran de un corazón y un alma; y ninguno decía que eran suyas las cosas que poseían, sino que tenían todas las cosas en común.
33 Y con gran poder, los apóstoles dieron testimonio de la resurrección del Adon Yeshúa. Y gran favor estaba sobre todos ellos.
34 Ni hubo entre ellos alguno con necesidad; porque todos los que poseían tierras o casas las vendían, y traían las ganancias de lo vendido,
35 Y los ponían a los pies de los apóstoles; y distribuían a cada uno según su necesidad.

Si los apóstoles no debían tener herencias, ¿por qué fue que los precios de las heredades fueron puestos a los pies de los apóstoles? Para que una organización sea efectiva, su liderazgo debe dirigir en que se gastan los fondos de la organización. Esto es cierto, ya sea que estemos hablando de un gobierno, un negocio, un sacerdocio del orden de Melquisedec, o lo que sea.

Para que funcione el sacerdocio Levítico, el sumo sacerdote debe controlar los fondos. Si la gente simplemente entregara sus diezmos, primicias y ofrendas al primer sacerdote que conocieran (o al sacerdote que los ayudó a ofrecer sus sacrificios), el servicio del templo se derrumbaría rápidamente. Sería similar a pagarle a un mesero en el restaurante y permitirle llevar todo el dinero a su casa. El gerente no tendría fondos para pagar a los cocineros y los lavaplatos, ni pagaría la factura del supermercado. El restaurante pronto se vería obligado a cerrar.

A menos que todas las personas dieran sus diezmos al sumo sacerdote (o su designado), el sumo sacerdote no tendría fondos para distribuir entre quienes cortaban leña o horneaban el pan de la proposición. Todos los que tenían trabajos de apoyo tendrían que abandonar sus puestos y trabajar como sacerdotes del altar. Tendrían que estar allí para encontrarse con los peregrinos mientras subían a Jerusalem. Pero si todos fueran sacerdotes y nadie sacara agua, picara madera u horneara el pan, el servicio del templo se detendría en algún momento. Esto es más o menos análogo a la situación en el Israel Mesiánico de hoy. No hay un sacerdocio apartado, ningún orden y ninguna responsabilidad real.

En Hechos 6 vemos organización y orden. En aquellos días, los Helenistas levantaron una queja contra los Hebreos, porque las viudas Helénicas no habían sido bien atendidas. La respuesta de los apóstoles fue asignar siete hombres "adicionales" para cuidar a las viudas. Esto fue posible solo porque el fundamento apostólico tenía el poder de asignar cómo se gastarían los fondos.

Ma'asei (Hechos) 6:1-4
1 En aquellos días, cuando el número de discípulos se multiplicó, los Helenistas se quejaron contra los Hebreos porque sus viudas eran descuidadas en la distribución diaria.
2 Entonces los doce convocaron a la multitud de los discípulos y dijeron: "No es Bueno que dejemos la palabra de Elohim y sirvamos a las mesas.
3 Por tanto, hermanos, busquen de entre ustedes siete hombres de buena reputación, llenos del Espíritu apartado (Santo) y sabiduría, a quienes podamos designar para este asunto;

4 pero nosotros nos dedicaremos continuamente a la oración y al ministerio de la palabra".

La razón por la cual Yahweh quiere que el fundamento apostólico tenga el control de los fondos es porque, por definición, los apóstoles y los profetas oyen la voz de Yahweh. Y es que solo escuchando y obedeciendo la voz de Yahweh momento a momento se puede saber cómo Yahweh quiere que se gasten Sus fondos.

La idea es que los evangelistas, los pastores y los maestros se den cuenta de que los apóstoles y los profetas están escuchando y obedeciendo la voz de Yahweh constantemente. Deben buscarlos para recibir orientación y consejo. Sin embargo, cuando los evangelistas, pastores y maestros no saben lo que es escuchar la voz de Yahweh, no sienten la necesidad de buscar a los apóstoles y profetas, ni de operar sobre el fundamento apostólico. Esto causa una desunión instantánea, como en el mundo Mesiánico de hoy.

Algunos creyentes desconfían de la idea misma de un fundamento apostólico. Esto es quizás atribuible al hecho de que ha habido mucho abuso del poder por parte de la iglesia Cristiana. Son, quizás, como esposas que han pasado por un mal matrimonio y que ahora desconfían del matrimonio. Sin embargo, solo porque uno hace una elección incorrecta de cónyuge, ¿eso hace que la institución del matrimonio sea mala? ¿O significa que simplemente hicieron una mala elección de compañero?

Si bien la Iglesia Católica tiene una base de apóstoles y profetas, no es un fundamento de verdaderos apóstoles y profetas. Al igual que los rabinos, la dirección católica no sigue la voz de Yahweh, sino la voz de sus propios pensamientos. Esto los hace guías ciegos, porque como vimos anteriormente con Havah (Eva) en el Jardín del Edén, la táctica principal de Satanás es hacernos seguir nuestros propios pensamientos, en lugar de escuchar la voz de Yahweh. Es por eso que se nos dice que tomemos todo pensamiento cautivo a la obediencia del Mesías (y Su Espíritu).

Qorintim Bet (2 Corintios) 10:3-6
3 Porque, aunque andemos en la carne, no pecamos según la carne.
4 Porque las armas de nuestra guerra no son carnales, sino poderosas en Elohim para derribar fortalezas,
5 rechazando argumentos y toda altivez que se exalta a sí misma contra el conocimiento de Elohim, llevando cautivo todo pensamiento a la obediencia del Mesías,
6 y estando listo para castigar toda desobediencia cuando su obediencia sea completa.

Yahweh nos dio cerebros y quiere que los usemos. Sin embargo, primero tenemos que permanecer en Yeshúa y luego pensar, no al revés. Si en algún momento nos olvidamos de permanecer en Yeshúa, entonces terminaremos persiguiendo nuestros propios pensamientos, por lo tanto, nos convertiremos en cautivos espirituales de Satanás.

Escuchar y obedecer la voz de Yahweh es fundamental para nuestra fe. Aquellos con los dones apostólicos y proféticos deben escuchar continuamente la voz de Yahweh. De hecho, esta es la razón por la cual se les confió el liderazgo. Si escuchar las palabras de Yahweh no es su máxima prioridad, entonces no están haciendo honor a su oficio (y aquí es donde tanto los rabinos como la iglesia Cristiana salen mal).

Sabemos que los oficios de los apóstoles y los profetas aún están presentes hoy en día, porque Efesios 4:13 nos dice que nos organicemos de acuerdo con los dones quíntuples, hasta que todos lleguemos a la unidad de la fe.

Efesim (Efesios) 4:13
13 hasta que todos lleguemos a la unidad de la fe y del conocimiento del Hijo de Elohim, a un hombre maduro, a la medida de la estatura de la plenitud del Mesías;

Además, Apocalipsis 18:20 les dice a los apóstoles y profetas que se regocijen por la caída de Babilonia.

Hitgalut (Apocalipsis) 18:20
20 "¡Regocijense sobre ella, oh cielo, y apártense apóstoles y profetas, porque Elohim less ha hecho justicia en ella!"

Ya que la caída de Babilonia es todavía un evento futuro, sabemos que habrá apóstoles y profetas en el futuro, por lo cual sabemos que los oficios de los apóstoles y los profetas están actualmente disponibles.

Ya que los apóstoles y los profetas son los que escuchan la voz de Yahweh en todo momento, y dado que estos oficios son todavía para hoy, entonces aquellos que son llamados a estos oficios deben practicar el escuchar y obedecer la voz de Yahweh en todo momento. Eso es parte de su trabajo.

Pero ¿qué tiene que ver todo esto con Hechos 15?

Hasta Hechos 9, las Buenas Nuevas se revelaban solo a los Judíos. Sin embargo, en Hechos 10, Yahweh le mostró al apóstol Kefa (Pedro) una visión de una gran sábana que descendía del cielo, que estaba llena de animales inmundos (que son simbólicos de los gentiles).

Ma'asei (Hechos) 10:9-16

9 Al día siguiente, mientras iban de camino y se acercaban a la ciudad, Kefa subió a la azotea para orar, como a la hora sexta.

10 Y tuvo gran hambre y quería comer; pero mientras le preparaban algo, cayó en trance

11 y vio el cielo abierto y un objeto como una gran sábana atada en las cuatro esquinas, descendiendo hacia él y bajando a la tierra.

12 En ella había de toda clase de animales cuadrúpedos de la tierra, bestias salvajes, reptiles y aves del cielo.

13 Y vino una voz a él, diciendo: Levántate Kefa, mata y come.

14 Pero Kefa dijo: "De ningún modo Adon, porque nunca he comido algo común o inmundo".

15 Y la voz le habló otra vez, por segunda vez: "Lo que Elohim ha limpiado no debes llamarlo común".

16 Esto fue hecho tres veces. Y el objeto fue llevado al cielo otra vez.

La iglesia Cristiana nos enseña que esta visión significa que las leyes de los alimentos limpios de Levítico 11 ya no se aplican, y que ahora podemos comer cualquier cosa. Sin embargo, Kefa nos dice que eso significaba que no deberíamos llamar a los hombres comunes o inmundos. Después del sacrificio de Yeshúa, la Gran Comisión debía compartirse con cada familia y cada clan en todas las naciones de la tierra, por lo que no debíamos evitar dar testimonio de los demás.

Ma'asei (Hechos) 10:28

28 Entonces él les dijo: "Ustedes saben cuán abominable es para un Judío juntarse o acercarse

a un extranjero. Pero Elohim me ha mostrado que no debo llamar a ningún hombre común o inmundo".

Kefa dijo que es "abominable" para un hombre Judío juntarse o acercarse a alguien de otra nación. Esto no se encuentra en la Torah de Moshé, sino que es una ordenanza rabínica. Que Kefa se sujetara a una orden rabínica dice algo acerca de él. Si relacionamos esto con el hecho de que el ministerio de Shaul (Pablo) era para los gentiles, mientras que el ministerio de Kefa (hasta este punto) era para los circuncisos (es decir, los fariseos rabínicos), nos da una imagen interesante de quién era realmente Kefa.

Kefa obedeció la orden del Espíritu de ir a la casa de Cornelio, y seis hombres de "la circuncisión" (fariseos creyentes) fueron con él. Kefa, entonces, estaba "pendiente de los fariseos creyentes". Sin embargo, mientras predicaba, el Espíritu cayó sobre todos los que escucharon, y "aquellos de la circuncisión que creyeron estaban asombrados".

Ma'asei (Hechos) 10:44-45
44 Mientras Kefa todavía estaba hablando estas palabras, el Espíritu Apartado cayó sobre todos aquellos que escucharon la palabra.
45 Y aquellos creyentes de la circuncisión estaban asombrados, los que vinieron con Kefa, porque el don del Espíritu Apartado también había sido derramado sobre los gentiles.

Los Fariseos rabínicos creen que los gentiles solo pueden convertirse al Judaísmo siguiendo un "proceso legal específico". En el primer siglo esto se llamó *la costumbre* de Moshé (en oposición a la Torah de Moshé). Hoy esto se llama *el proceso Giur*. En el proceso de Giur, los nuevos conversos primero deben tomar clases para aprender la interpretación legal rabínica de la Torah. Luego, después de que hayan sido adoctrinados en las enseñanzas rabínicas, se les permite circuncidarse físicamente. En la mente rabínica, si han obedecido el procedimiento rabínico están sometidos a la autoridad rabínica, y por lo tanto ahora están en el favor de Yahweh (es decir, se salvan). Es por esto que los de la circuncisión se asombraron cuando Yahweh derramó Su Espíritu sobre gentiles incircuncisos (como Cornelio y los de su casa), que no estaban siguiendo en nada las tradiciones rabínicas.

Los hombres son muy protectores de su poder y posición, así que cuando Kefa regresó a Judea, los de la circuncisión rabínica contendieron con él allí.

Ma'asei (Hechos) 11:1-3
1 Los apóstoles y hermanos que estaban en Judea oyeron que los gentiles también habían recibido la palabra de Elohim.
2 Y cuando Kefa subió a Jerusalem, los de la circuncisión contendieron con él,
3 diciendo: ¡Entraste en casa de hombres incircuncisos y comiste con ellos!

Kefa explicó todo desde el principio, acerca de cómo Elohim le había mostrado que no debía llamar a ningún hombre común o inmundo, y cómo Yahweh había derramado el Espíritu sobre Cornelio y su casa. Luego les preguntó si querían que tratara de oponerse a lo que Elohim estaba haciendo.

Ma'asei (Hechos) 11:15-18
15 "Y cuando comencé a hablar, el Espíritu apartado cayó sobre ellos, como sobre nosotros al principio".

16 Entonces recordé la palabra del Maestro, cuando dijo: "Yojanán ciertamente está bautizando en agua, pero ustedes serán bautizados en el Espíritu Apartado".

17 Si Elohim, pues, les dio el mismo regalo que nos dio a nosotros cuando creímos en el Adon Yeshúa el Mesías, ¿quién era yo, para resistir a Elohim?

18 Cuando oyeron estas cosas, se callaron; y glorificaron a Elohim, diciendo: "¡Entonces Elohim también ha otorgado a los gentiles arrepentimiento para vida!"

Después de estas cosas, Yahweh derramó Su Espíritu sobre una gran cantidad de creyentes (Reformistas) Helenizados en Antioquía que tampoco estaban obedeciendo las costumbres rabínicas, así que los apóstoles enviaron allí a Bar Naba (Bernabé).

Ma'asei (Hechos) 11:19-25

19 Y los que fueron dispersados después de la persecución que se levantó sobre Esteban, viajaron hasta Fenicia, Chipre y Antioquía, y no anunciaron la palabra a nadie más que a los Judíos.

20 Pero algunos de ellos eran hombres de Chipre y Cirene, quienes, cuando habían venido a Antioquía, hablaron a los Helenistas anunciando al Maestro Yeshúa.

21 Y la mano de Yahweh estaba con ellos, y muchos creyeron y se convirtieron al Maestro.

22 Entonces llegaron noticias de estas cosas a los oídos de la congregación en Jerusalem, y enviaron a Bar Naba hasta Antioquía.

23 Cuando llegó, y vio la gracia de Elohim, se alegró, y les animó a todos que con firmeza de corazón permaneciesen con Yahweh.

24 Porque era un hombre bueno, lleno del Espíritu apartado y de la fe. Y muchas personas se agregaron al Maestro.
25 Entonces Bar Naba partió hacia Tarso para buscar a Shaul.

Es sorprendente cuán obstinados y rígidos son los hombres cuando su poder y posición están en juego. Aunque Yahweh había mostrado claramente que *no respetaba* la autoridad rabínica, en el caso de Cornelio, los Fariseos "creyentes" aún fueron a Antioquía y les dijeron a los creyentes Helenizados que, a menos que siguieran el proceso rabínico de Giur, no podrían ser salvos. En este pasaje, el proceso de Giur se llama *costumbre de Moshé* (que era diferente de la Torah de Moshé). En el versículo 5, a estos creyentes rabínicos se les llama la "secta de los Fariseos que creyeron". Este es el mismo grupo espiritual de la "circuncisión rabínica que creyeron".

Ma'asei (Hechos) 15: 1-2
1 Y algunos hombres bajaron de Judea y enseñaban a los hermanos: "A menos que sean circuncidados según la costumbre [rabínica] de Moshé [es decir, el proceso de Giur], no pueden ser salvos".
2 Por esto, Shaul y Bar Naba tuvieron una no pequeña disensión y disputaron con ellos, determinaron que Shaul y Bar Naba y algunos otros de ellos deberían subir a Jerusalem, a los apóstoles y a los ancianos, para tratar sobre esta cuestión.

Fue una caminata de dos o tres semanas desde Antioquía hasta Jerusalem, y debemos recordar que, en la antigüedad, el viaje por carretera podía ser peligroso. A menudo había bandidos y ladrones; sin embargo,

Shaul y Bar Naba parecen haber sentido que la perspectiva de la unidad doctrinal valía la pena. Parece haber sido importante para todos ellos que los pastores guíen a sus ovejas de la manera correcta. Esto puede deberse a que las ovejas, por lo general, siguen a sus pastores menores y, a menos que todos los pastores menores guíen a las ovejas en la misma dirección, el rebaño pronto se dividirá. (Es decir, el cuerpo del Mesías se dividirá).

Ma'asei (Hechos) 15: 4-5
4 Y cuando llegaron a Jerusalem, fueron recibidos por la ecclesia y los apóstoles y los ancianos; e informaron todas las cosas que Elohim había hecho con ellos.
5 Pero parte de la secta de los Fariseos que creyeron se levantó, diciendo: "Es necesario circuncidarlos, y ordenarles que guarden la Torah de Moshé".

El orden sugerido por los creyentes rabínicos es el mismo que el del proceso rabínico de Giur:

1. Enséñales la interpretación rabínica de la Torah.
2. Circuncidarlos según el ritual rabínico.
3. Mantener la observancia rabínica de la Torah.

Anteriormente vimos que el orden rabínico surgió de la orden Levítica, mientras que el sacerdocio de Yeshúa se basaba en la orden de Melquisedec. Siendo ese el caso, no funcionaría permitir que los rabinos afirmen la autoridad rabínica (es decir, Levítica) dentro del orden de Melquisedec; sin embargo, los rabinos eran tenaces y no renunciaron a su autoridad fácilmente. Deberíamos notar aquí que estos "Fariseos rabínicos que creyeron" son análogos a los Judíos Mesiánicos rabínicos de hoy. Estos son los Judíos que han aceptado a Yeshúa como

226

el Mesías, pero todavía creen en la autoridad rabínica y creen que el Talmud es autoritario. Esto es irónico, ya que Yeshúa nunca tuvo nada bueno que decir ni sobre el orden rabínico, ni sobre sus tradiciones y enseñanzas hechas por el hombre (Ma'asim y Takanot).

Después de que hubo "mucha discusión", Kefa se levantó para decir que Yahweh lo había elegido para entregar las Buenas Nuevas a los gentiles, y que no les había impuesto la autoridad rabínica; por lo tanto, ¿por qué los rabinos trataban de poner su yugo rabínico en los cuellos de los nuevos creyentes, cuando Yeshúa los había llamado a ellos cuando estaban fuera de la autoridad rabínica? Después de todo, ambos esperaban ser salvos por el favor (gracia) de Yeshúa a través de la misma fe.

> Ma'asei (Hechos) 15: 6-11
> 6 Y los apóstoles y los ancianos se juntaron para considerar este asunto.
> 7 Y cuando hubo mucha discusión, Kefa se levantó y les dijo: "Varones hermanos, sepan que hace un buen tiempo Elohim me escogió entre nosotros, para que por mi boca los gentiles oyeran la palabra de la Buena Nueva y creyeran.
> 8 Entonces Elohim, quien conoce el corazón, los reconoció dándoles el Espíritu Apartado, tal como lo hizo con nosotros,
> 9 y no hizo distinción entre nosotros y ellos, purificando sus corazones por la fe.
> 10 Ahora pues, ¿por qué tientan a Elohim al poner un yugo [tradición rabínica] en el cuello de los discípulos que ni nuestros padres ni nosotros hemos podido soportar?
> 11 Pero creemos que a través del favor del Adon Yeshúa el Mesías seremos salvos, de la misma manera que ellos".

Entonces Shaul y Bar Naba relataron todos los milagros y maravillas que Elohim estaba haciendo entre los gentiles, que no estaban sometidos a la autoridad rabínica.

Ma'asei (Hechos) 15:12
12 Entonces toda la multitud guardó silencio y escucharon a Bar Naba y a Shaul, que contaban cuántos milagros y prodigios había hecho Elohim entre los gentiles.

Yaakov (Jacobo) dijo entonces que él juzgaba que no deberían "molestar" a los gentiles que regresaban, colocándoles el yugo de autoridad rabínica, sino que estos podrían ingresar a las asambleas simplemente absteniéndose de las cuatro cosas que Yahweh dice que, por hacerlos, serán "cortados" de la nación (idolatría, inmoralidad sexual, carnes estranguladas [o impuras] y sangre). Yaakov juzgó que, si los gentiles simplemente se abstuvieran de estas cuatro cosas, entonces podrían ingresar a las sinagogas, donde podrían escuchar la Torah de Moshé, la cuál era leída en voz alta en ellas. De esa forma, tanto los Judíos y Efraimitas que regresaran a la fe de Israel serían enseñados por la palabra de Yahweh, en lugar de ser adoctrinados en las tradiciones legales de los rabinos.

Ma'asei (Hechos) 15: 13-21
13 Y cuando se hubieron callado, Yaakov respondió diciendo: Varones hermanos, escúchenme.
14 Shimón (Pedro) ha declarado cómo Elohim por primera vez visitó a los gentiles, para sacar de ellos un pueblo para Su Nombre.
15 Y con esto concuerdan las palabras de los profetas, tal como está escrito:

16 Después de esto volveré y reedificaré el tabernáculo de David, que está caído; Reconstruiré sus ruinas y lo estableceré;

17 Para que el resto de la humanidad busque a Yahweh, todos los gentiles sobre los cuales Mi Nombre es invocado, dice Yahweh, que hace todas estas cosas.

18 "Conocidos por Elohim desde la eternidad son todas Sus obras".

19 Por tanto; "juzgo que no hostiguemos a los gentiles que se vuelven a Elohim,

20 sino que les escribamos a que se abstengan de cosas contaminadas por los ídolos, de inmoralidad sexual, de cosas estranguladas, y de sangre.

21 Porque Moshé ha tenido por muchas generaciones a los que le predican en cada ciudad, siendo leído en las sinagogas todos los Shabat (sábados)".

Nota el uso de Yaakov de la palabra *juzgo* en el versículo 19. En Hebreo, esta palabra se refiere a algo que los apóstoles y profetas normalmente hacen.

Como explicamos en el estudio *El Gobierno de la Torah*, un profeta es alguien que oye la voz de Yahweh, y habla lo que escucha decir a Yahweh. De esta manera es también como los jueces ungidos del Tanaj (Antiguo Testamento) emitirían sus juicios. Oirían el caso, y luego escucharían la voz de Yahweh, para poder saber cuál era el juicio de Elohim. De esa manera, el juicio que daban no era su propia interpretación privada, sino que era la palabra que Yahweh había dicho. No en vano, así es como Yeshúa dice que juzgaba, al hablar lo que escuchaba hablar al Padre, desde arriba, en lugar de hablar de acuerdo con Su propia voluntad.

Yojanán (Juan) 5:30

30 "No puedo hacer nada por Mí mismo. Según oigo, juzgo; y Mi juicio es justo, porque no busco Mi voluntad, sino la voluntad de Mi Padre que Me envió".

Hay tres oficios principales en Israel: el rey (el ejército), el sacerdote (el ejército espiritual) y el profeta (comunicación con Yahweh). Los jueces ungidos tenían que ser una combinación de los tres por qué; conducían a la nación en tiempos cuando no había un rey. Los apóstoles son básicamente jueces del Pacto Renovado (Nuevo Testamento) porque también cumplen con estos tres roles.

Una diferencia entre los jueces ungidos y los apóstoles es que, si bien había un solo juez ungido en el momento en que Israel estaba dentro de la tierra de Israel, tenía que haber más de un apóstol en un momento dado, porque la orden de Melquisedec tenía que ir a todas las naciones del mundo. Debido a que iba a ser un sacerdocio unificado, tenía que haber orden entre los apóstoles. Esta orden se estableció al someterse primero al Espíritu de Yahweh, y luego al someterse los unos a los otros, y dejar que el Espíritu de Yahweh decida quién tomará esta posición. Sin embargo, como una cuestión práctica, alguien tenía que tomar el primer puesto, y en esos días era Yaakov.

Algunos estudiosos creen que Yaakov fue elegido para dirigir la asamblea porque era medio hermano de Yeshúa. El único problema con esto es que Yeshúa tenía otros medio hermanos. Más bien, lo que parece tener más sentido es que Yaakov fue elegido para dirigir porque él "escuchaba la voz del Espíritu", y, por lo tanto, mostraba sabiduría. Sin embargo, la clave que hay que tener en cuenta aquí es que dijo *"juzgo"*, lo que en

Hebreo significa que creían que estaba hablando de acuerdo con la voz de Yahweh.

Yeshúa no solo había condenado la autoridad rabínica, sino que el fundamento apostólico también anuló las afirmaciones de los rabinos en Hechos 15. Los rabinos son una extensión del antiguo orden Levítico, y el orden Levítico no tiene autoridad en la orden de Melquisedec.

Diferentes grupos explican "Hechos 15" de distintas maneras, así que seamos claros: Hechos 15 determinó que; antes de que los perdidos (dispersos) Judíos y Efraimitas pudieran unirse al cuerpo de Yeshúa, y unirse a la nación, debían abstenerse de la idolatría, la inmoralidad sexual, carnes estranguladas (o inmundas nombradas en Levíticos 11) y sangre. Si no se abstienen de estas cosas, no podrían entrar a las asambleas (o sinagogas), porque ellos así estarían contaminando el campamento. (Ten en cuenta que el liderazgo aún podría reunirse con ellos en el exterior).

Parece que los apóstoles estaban tratando de buscar los medios adecuados para permitir a los miembros perdidos y dispersos de la tribu regresar a la nación, sin profanar la asamblea. Sin embargo, dado que fue la Iglesia Católica quien finalmente estableció la orden de Melquisedec en todo el mundo, vayamos ahora y veamos las tendencias generales que configuran la Iglesia Católica y sus hijas protestantes. A lo largo del camino, veremos algunas cosas sorprendentes, incluidas varias maneras en que Satanás espera hacernos tropezar y robar nuestras coronas.

Sigue Buscando el Rostro de Yeshúa

Apocalipsis 12: 13-17 nos dicen que cuando el dragón (Satanás) vio que había sido arrojado a la tierra, persiguió a la mujer (el verdadero Israel) que dio a luz al niño varón (Yeshúa). A la mujer se le dieron las dos alas de una gran águila, para que pudiera volar al desierto, a su lugar. Allí sería sustentada por un tiempo, tiempos y medio tiempo, lejos de la presencia de la serpiente. En *Apocalipsis y el Fin de los Tiempos*, mostramos que esto simboliza la verdadera huida de Israel de las falsas doctrinas de la Iglesia Cristiana Católica, que intentaron "arrastrar" a los verdaderos creyentes con un torrente de falsas doctrinas.

> Hitgalut (Apocalipsis) 12: 13-17
> 13 Cuando el dragón vio que había sido arrojado a la tierra, persiguió a la mujer que había dado a luz al Niño varón.
> 14 Pero a la mujer se le dieron dos alas de una gran águila, para que volara al desierto, a su lugar, donde es alimentada por un tiempo, tiempos y medio tiempo, de la presencia de la serpiente.
> 15 Entonces la serpiente arrojó aguas [doctrinas inmundas] de su boca como un río detrás de la mujer, para que fuera arrastrada por el río.
> 16 Pero la tierra ayudó a la mujer, y la tierra abrió su boca y tragó el río que el dragón había arrojado de su boca.
> 17 Y el dragón se enfureció con la mujer, y él fue a hacer guerra contra el resto de su descendencia, los que guardan los mandamientos de Elohim y tienen el testimonio de Yeshúa el Mesías.

La mujer sobrevivió, y ahora quiere regresar a la fe apostólica original. Es la misma historia del hijo pródigo, el cual quiere regresar a la casa de su padre, solo que en una parábola diferente.

Luqa (Lucas) 15: 17-19
17 Pero cuando volvió en sí, dijo: ¡Cuántos de los jornaleros de mi padre tienen pan suficiente y de sobra, y yo me muero de hambre!
18 Me levantaré, e iré a mi padre, y le diré: "Padre, he pecado contra el cielo y contra ti,
19 ya no soy digno de ser llamado tu hijo. Hazme como uno de tus jornaleros".

Como vimos antes, Efraim se cansó de alimentar a los cerdos (simbólico de los ídolos en la Iglesia Católica). Volviendo en sí mismo, decidió humillarse y regresar a su hogar en la casa de su padre, sin importar el costo. Sin embargo, a Efraim no le gusto la parte de caminar de regreso a casa. Se detuvo antes de regresar a la fe original, y descansó en las falsas doctrinas (aguas) de la teología del reemplazo, es como si hubiera sido arrastrado por la inundación de Satanás.

¡No te dejes engañar! ¡Sigue concentrándote en Yeshúa y buscándolo!

Paganos/ Wicca (Brujos)	Católicos/ Cuerpo Unificado del Mesías	Protestantes/ Múltiples Cuerpos del Mesías	Independientes/ Asambleas Separadas	Iglesias Hogareñas/ Mesiánicos
Sin Organización	Organizaciones Unificadas en Todo el Mundo	Múltiples Organizaciones en Todo el Mundo	Organizaciones Separadas	Sin Organización
Sin Patriarca	Un Solo Patriarca	Múltiples Patriarcas	Patriarcas Separados	Sin Patriarca
Círculos Matriarcales	Un Patriarcado Unificado	Múltiples Patriarcados	Patriarcados Separados	Círculos Matriarcales

En las visiones, el agua representa el Espíritu y la doctrina. Sin embargo, el agua del dragón representa espíritus falsos y doctrinas contaminadas. Satanás espera que la mujer esté satisfecha con los falsos espíritus y las doctrinas contaminadas, para que deje de luchar para volver a la fe original.

Yehudah (Judas) 3
3 Amados, aunque fui muy diligente en escribirles acerca de nuestra común salvación, me pareció necesario escribirles, exhortándoles a contender [luchar] fervientemente por la fe que una vez fue entregada a los santos.

La palabra española "contender" es el griego *epagonizomai*, que significa *"luchar por"*.

G1864 *epagonízomai* de G1909 y G75; luchar por: contender ardientemente.

En la Peshitta Aramea, la palabra contender es *d'agunah* (דאגונא), y también significa *"luchar"*, pero en un sentido militar. Por lo tanto, debemos hacer más que solo creer en Yeshúa. Nosotros, como Su ejército espiritual, debemos luchar para promover Su fe en todo el mundo. Si bien, cualquiera puede decir que ama a Yeshúa, solo aquellos que realmente lo aman estarán dispuestos a luchar y hacer sacrificios personales para restablecer la fe original y hacerla crecer en todo el mundo, de la manera en que la orden de Melquisedec siempre fue llamada a hacer. Este es el camino estrecho y lleno de tribulaciones al que todos estamos llamados a caminar.

Mattityahu (Mateo) 7: 13-14
13 "Entren por la puerta angosta, porque ancha es la puerta y espacioso es el camino que conduce a la destrucción, y hay muchos que entran por ella.

14 Pero estrecha es la puerta y tribulación es el camino que lleva a la vida, y hay pocos que la encuentran".

Históricamente, la novia (que es llamada a salir del paganismo) comenzó a viajar por el camino angosto y afligido de regreso a su esposo Judío (Yeshúa). Sin embargo, la mayoría de los peregrinos se detuvieron en su viaje en el Catolicismo. El Catolicismo estableció una parada de descanso en el camino, donde muchos peregrinos se sintieron cómodos, por así decirlo. Desde allí, una minoría de los peregrinos siguió su camino, pero la mayoría de ellos se detuvo dentro del Protestantismo. Una minoría de los peregrinos se trasladó a la Cristiandad independiente, y ahora algunos están migrando a las iglesias hogareñas y a los movimientos Mesiánicos.

Aquellos en el movimiento de las iglesias hogareñas nos dicen que no necesitamos un sacerdocio apartado (santo), porque todos podemos leer las Escrituras por nosotros mismos. Esto es algo así como el argumento que Coré y sus hombres usaron cuando le dijeron a Moshé que, debido a que toda la asamblea era santa, no había necesidad de que ellos sean los líderes.

Bemidbar (Números) 16: 1-3
1 Coré, hijo de Izhar, hijo de Coat, hijo de Leví, con Datán y Abiram, hijos de Eliab, y On hijo de Pelet, hijos de Rubén, tomaron hombres;
2 Y se levantaron contra Moshé, con algunos de los hijos de Israel, doscientos cincuenta líderes de la congregación, representantes de la congregación, hombres de renombre.
3 Se reunieron contra Moshé y Aharón, y les dijeron: "¡Basta ya de ustedes!, porque toda la congregación es apartada, cada uno de ellos, y

Yahweh está entre ellos. ¿Por qué ustedes se exaltan sobre la congregación de Yahweh?"

El argumento que usan las iglesias hogareñas es como si dijeran que, como todos podemos leer, nuestro ejército no necesita ningún liderazgo. Este argumento es ilógico y no tiene sentido. No obstante, las iglesias hogareñas son las que llevan el mayor crecimiento en las iglesias Cristianas en la actualidad.

La versión del Shabat en el movimiento de las iglesias hogareñas se llama *"Israel Mesiánico"*, y tiene los mismos defectos que el movimiento de las iglesias hogareñas. De hecho, al comparar y contrastar los grupos en el cuadro del vuelo de la novia, veremos algunos patrones interesantes. (Hemos colocado el mismo cuadro a continuación).

¡No te dejes engañar! ¡Sigue concentrándote en Yeshúa y buscándolo!

Paganos/ Wicca (Brujos)	Católicos/ Cuerpo Unificado del Mesías	Protestantes/ Múltiples Cuerpos del Mesías	Independientes/ Asambleas Separadas	Iglesias Hogareñas/ Mesiánicos
Sin Organización	Organizaciones Unificadas en Todo el Mundo	Múltiples Organizaciones en Todo el Mundo	Organizaciones Separadas	Sin Organización
Sin Patriarca	Un Solo Patriarca	Múltiples Patriarcas	Patriarcas Separados	Sin Patriarca
Círculos Matriarcales	Un Patriarcado Unificado	Múltiples Patriarcados	Patriarcados Separados	Círculos Matriarcales

Hay muchas diferencias entre Católicos, Protestantes, Cristianos independientes y aquellos en el movimiento de las iglesias hogareñas. Sin embargo, todos están unidos porque todos practican un sustituto de la fe Nazarena original. Y a medida que los observamos más de cerca, veremos algunas tendencias fascinantes.

Los Católicos practican una especie de organización quíntuple, pero se les enseña a no estudiar la Escritura por sí mismos. No se les enseña lo que significa tener una relación personal y duradera con Yeshúa, ni se les enseña a escuchar y obedecer Su voz. Sin embargo, aunque su nivel de conocimiento es bajo y su relación con el Espíritu, a menudo se atrofia, el nivel de obediencia a la Gran Comisión y el orden quíntuple en la Iglesia Católica es muy alto.

En el extremo opuesto del espectro, los que están en las iglesias hogareñas estudian las Escrituras, y muchos de ellos tienen una relación personal con el Mesías; pero típicamente rechazan el orden quíntuple, e ignoran la Gran Comisión. Para ellos, la *adoración* se trata de aprender y vivir en compañerismo. La mayoría de ellos no tienen idea de que estamos llamados a formar un ejército espiritual unificado y expandir el reino de nuestro Marido. A diferencia del Catolicismo, el nivel de conocimiento en las iglesias domésticas es alto, pero su nivel de obediencia al ministerio quíntuple y la Gran Comisión es casi inexistente.

A veces, los Mesiánicos son confundidos con los Nazarenos. Sin embargo, en verdad, los Mesiánicos e Israel Nazareno son dos religiones completamente diferentes (que están dirigidas por dos espíritus distintos).

Al igual que el movimiento de las iglesias hogareñas, los Mesiánicos dicen que no necesitamos liderazgo, porque podemos leer las Escrituras por nosotros mismos. Por lo general, no existe un compromiso real para cumplir la Gran Comisión (como ordenó el Mesías). En lugar de eso, se estudia, se guarda el Shabat y se vive en compañerismo.

Los Mesiánicos saben que nuestro Sumo Sacerdote pertenece a la orden de Melquisedec, pero se enfocan en aprender la Torah Levítica. De hecho, muchos de ellos rechazan la Gran Comisión, basada en el hecho de que no está ordenada explícitamente en la Torah de Moshé.

Irónicamente, mientras los Mesiánicos afirman "guardar la Torah", en la práctica lo que hacen es descansar en el Shabat y las fiestas. Por lo general, rechazan todas las formas de organización, liderazgo, responsabilidad y misión. Y, mientras se consideran a sí mismos como Israelitas, difícilmente se parecen al Israel del desierto, o a los Nazarenos en el primer siglo.

Desierto	Nazarenos	Israel Mesiánicos
Levítica	Melquisedec	Comerciantes y vendedores
Organizados	Organizados	Desorganizados
Patriarcal	Patriarcal	Círculos Matriarcales
Liderazgo	Liderazgo	"Lo que sea"
Responsabilidad	Responsabilidad	Anarquía
Nación unida	Nación Unida	Sin nación
Pastor Líder	Pastor Líder	Ovejas Líderes
Enfoque en la Misión	Enfoque en la Misión	Enfoque en el compañerismo

Desde el punto de vista del conocimiento, el Mesianismo es mejor que el Catolicismo. El Mesianismo enseña una identidad Israelita y el calendario correcto. También evita la adoración al Papa. Sin embargo, en términos de obediencia, el Mesianismo es inferior tanto al Catolicismo como al Protestantismo, ya que los

Mesiánicos saben muy bien que la Torah de Moshé ordena el orden, la disciplina y la responsabilidad, y sin embargo se niegan a hacerlo. También se niegan a obedecer la Gran Comisión, como Yeshúa lo ordena, y sin embargo esperan ser tomados como Su novia.

¿Son los Mesiánicos mejores que los Cristianos por saber que tanto la Torah como Yeshúa requieren organización y liderazgo, y sin embargo se niegan a hacer eso? ¿No es eso más bien un pecado?

Yaakov (Santiago) 4:17
17 Por lo tanto, para el que sabe hacer el bien y no lo hace, para él es pecado.

Si los Católicos, son quizás como una novia ignorante, al menos ella es trabajadora y fiel a lo que se le ha enseñado. Por el contrario, si los Mesiánicos son una novia bien educada, es floja y perezosa. Ella solo quiere leer sobre Su Esposo, pero no quiere ayudarlo. Ella solo quiere descansar en Sus días festivos, comer Su comida espiritual y hablar, pero ayudarlo con la Gran Comisión es lo más alejado de su mente.

Podríamos subdividir aún más el movimiento Mesiánico en Mesiánicos *espiritualistas*, Mesiánicos *legalistas* y Mesiánicos que *escuchan*. La última de estas clases es la mejor.

Podría decirse que los Mesiánicos *espiritualistas* aún tienen un pie en la iglesia Cristiana. Pueden guardar el Shabat y las fiestas, pero no son muy devotos. Mezclan los nombres Hebreos y Helénicos, llaman a Yeshúa "Jesús" y equiparan el nombre de Yahweh con "el Señor" (Baal), etc. También siguen a medias las leyes de la alimentación. Desde cierto punto de vista, podemos verlos como "nuevos reclutas" del ejército espiritual de Yeshúa, que necesitan entrenamiento continuo y aliento (y debemos tener cuidado de no desalentarlos en ninguna manera).

No alcanzados (No nacidos de nuevo)	Cristianos (Todos los tipos)	Judaísmo Mesiánico / Israel Mesiánico		
		Espiritualistas, Centrados en los espíritu	Legalistas, Centrados en puntos de la Ley	Escuchan la voz de Yahweh
Sin nacer de nuevo	Bebés espirituales	Adolescentes espirituales	Adolescentes espirituales	Adultos espirituales
Necesitan al Mesías	Aceptan el "Jesús" Griego sin Ley	Aceptan ambos nombres: Jesús-Yeshúa	Versión rígida del Yeshúa Hebreo	Permanecen en Yeshúa 24x7
Sin Torah	Torah Falsa sin Ley	Nombres mixtos, fechas mixtas, Torah mixta	Condenan a los que tienen menos conocimientos	Humildemente aman y alientan a otros en la Torah
Abiertos a los espíritus demoníacos	Aceptan el espíritu Cristiano sin Ley	Aceptan espíritus mixtos/espiritismo (Fuego profano)	Espíritu fuerte condenación, espíritu legalista	Humildemente buscan amar y animar a todos
Ritos y rituales demoníacos	Orden modificado de Melquisedec	Orden Levítico modificado (erróneo)	Orden Levítico modificado (erróneo)	Se unen al orden de Melquisedec

También hay Mesiánicos *legalistas* (no rabínicos). Se puede pensar que estos tienen ambos pies en Israel (lo cual es bueno). El único problema es que tienen actitudes duras y críticas (es decir, espíritus). La actitud es una palabra Española que significa casi lo mismo que la concepción Hebraica de un espíritu, excepto que un espíritu es algo viviente. Los mesiánicos legalistas saben intelectualmente que el amor es el corazón de la Torah, pero su actitud (espíritu) no refleja eso. Incluso si no tienen inclinaciones rabínicas en absoluto, se parecen mucho a los Fariseos en la parábola del recaudador de impuestos.

Luqa (Lucas) 18: 10-14
10 "Dos hombres subieron al templo a orar, uno era Fariseo y el otro un recaudador de impuestos.
11 El Fariseo se puso de pie y oró así consigo mismo: "Elohim, te agradezco que no soy como los demás hombres: ladrones, injustos, adúlteros o incluso como ese recaudador de impuestos.

12 Ayuno dos veces a la semana; doy los diezmos de todo lo que poseo.

13 Y el recaudador de impuestos, estando lejos, ni siquiera alzaba los ojos al cielo, sino que se golpeaba el pecho, diciendo: "¡Elohim, sé propicio a mí, pecador!"

14 Les digo que este hombre bajó a su casa justificado más que el otro; porque cualquiera que se enaltece será humillado, y el que se humilla será enaltecido".

El último grupo es el más optimista. Un Mesiánico que *escucha* (o se *arrepiente*) se da cuenta de que no tenemos justicia de la cual hablar. Se dan cuenta de que estamos llamados a vaciarnos a nosotros mismos en total humildad y quebrantamiento, entregando el control de nuestras vidas a Su Espíritu, y permitiéndole que Él nos mueva 24x7. Ya sea que los Mesiánicos de *escucha* entiendan o no perfectamente las Escrituras, el hecho de que escuchan a Su Espíritu es una muy buena señal. Estos son los más propensos a convertirse a Israel Nazareno (aunque los conversos vienen de todas partes).

En el transcurso de los siglos, el Espíritu de Yeshúa ha continuado llamando a Su novia para que salga de las naciones; sin embargo, las posibles novias responden en diversos grados. Muchos de los que respondieron a Su llamado entraron al Catolicismo, y aun menos entraron al Protestantismo. Menos aún entraron al movimiento de las iglesias hogareñas, ya que buscaban más conocimiento e intimidad con Su Esposo. Entonces, una minoría de la iglesia hogareña ha entrado en los movimientos Israel Mesiánicos, al darse cuenta de la importancia del Shabat, las fiestas, los nombres establecidos y sus identidades Israelitas. Ahora, algunos de los Mesiánicos comienzan a darse cuenta de que también necesitan encontrar el siguiente nivel, porque para cumplir la Gran Comisión (como lo dice nuestro Marido), debemos actuar de acuerdo con lo que sabemos.

El trabajo de Satanás es evitar que regresemos a la fe original (y a nuestro Esposo) al sumergirnos en un torrente de mentiras. Si aceptamos alguna de sus mentiras o no actuamos según lo que sabemos, entonces nunca volveremos a la fe original, y nuestro Esposo no se deleitará en nosotros.

Ismael en los Tiempos Finales

Adam y Javah (Eva) por no obedecer la voz de Yahweh cayeron de Su favor. Después de esto, Yahweh puso en marcha un plan de redención de múltiples pasos que involucraba a todos los descendientes de Abraham.

Como vimos anteriormente, Yahweh hizo un pacto especial con Abraham, porque Abraham obedeció la voz de Yahweh.

> Bereshit (Génesis) 22: 15-18
> 15 Entonces el mensajero de Yahweh llamó a Abraham por segunda vez desde el cielo,
> 16 y dijo: "Por mí mismo he jurado, dice Yahweh, porque has hecho esto, y no has retenido a tu hijo, tu único hijo,
> 17 Con bendición te bendeciré, y multiplicando multiplicaré tus descendientes como las estrellas del cielo y como la arena que está a la orilla del mar; y tus descendientes poseerán la puerta de sus enemigos.
> 18 En tu simiente serán benditas todas las naciones de la tierra, porque tú has obedecido Mi voz".

Mientras que el pacto se transmitiría a través de Israel (cuyos descendientes incluían a Efraim y Judah), también se le dio una bendición al otro hijo de Abraham, Ismael.

> Bereshit (Génesis) 17: 19-20
> 19 Entonces Elohim dijo: "No, Sara tu mujer te dará a luz un hijo, y llamarás su nombre Yitzhak (Isaac): estableceré Mi pacto con él como pacto perpetuo, y con su descendencia después de él.

20 Y en cuanto a Ismael, te he oído. He aquí, lo bendije, y lo haré fructífero, y lo multiplicaré en gran manera. Él engendrará doce príncipes, y Yo haré de él una gran nación [grupo religioso]".

Como vimos anteriormente, en las Escrituras la nacionalidad de alguien es la religión de esa persona, así que cuando Yahweh dijo que haría de Ismael una gran "nación", quiso decir que le haría una gran religión (el Islam). Si bien el Islam no es "grande" en términos de exactitud de las Escrituras, el Islam es grande en términos de números absolutos, y en su rol en los últimos tiempos.

Yahweh no se preocupa por nuestra carne, por lo que la etnicidad no significa nada para él. Sin embargo, históricamente Yahweh ha usado a ciertos grupos de personas para realizar ciertas tareas para Él. Mientras Yahweh usó a Judah para dar a luz al Mesías, usó a Efraim para extender la adoración de un Mesías Judío en todo el mundo. Él también está usando a Ismael para mantener los ideales Semíticos de la teocracia y la disciplina corporativa (que casi se pierden en Efraim y en la cultura Judía).

Existe una relación especial entre Ismael y su primo Esaú. En *Apocalipsis y el Fin de los Tiempos* vemos que Esaú representa no sólo a la Iglesia Católica Romana, sino también al llamado humanismo secular (que en realidad es más bien una religión que exalta la adoración del hombre y sus opiniones), incluyendo sus expresiones políticas, la democracia, el socialismo y el comunismo. Y también hay una relación oculta con ciertas (pero no todas) etnias Árabes, ya que Esaú también se identifica con Edom.

Bereshit (Génesis) 36:8
8 Así que Esaú habitó en el monte Seir. Esaú es Edom.

Además, también hay una relación con el mundo Árabe y Musulmán, ya que Esaú se casó con las hijas de Ismael. Por ejemplo, Génesis 28:8-9 nos dice que Esaú se casó con la hija de Ismael, Mahalath.

Bereshit (Génesis) 28:8-9
8 También Esaú vio que las hijas de Canaán no agradaban a su padre Itzjak (Isaac).
9 Así que Esaú fue a Ismael y tomó a Mahalat, la hija de Ismael, el hijo de Abraham, la hermana de Nebajot, para que fuera su esposa además de las esposas que tenía.

Génesis 36:3 nos dice que Esaú también se casó con la hija de Ismael, Basemath.

Bereshit (Génesis) 36:1-3
1 Esta es la genealogía de Esaú, que es Edom.
2 Esaú tomó sus esposas de las hijas de Canaán: Ada, hija de Elón el Hitita; Aholibama, hija de Aná, hija de Zibeón el Heveo
3 y Basemat, hija de Ismael, hermana de Nebajot.

Al cabo de unas cuantas generaciones, la genética de Ismael y de Esaú se entremezcló tanto que algunos consideran (incorrectamente) que *Árabe* y *Musulmán* son sinónimos.

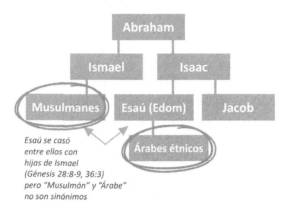

EL ÁRBOL FAMILIAR:

Abraham

Ismael — Isaac

Musulmanes — Esaú (Edom) — Jacob

Árabes étnicos

Esaú se casó
entre ellos con
hijas de Ismael
(Génesis 28:8-9, 36:3)
pero "Musulmán" y "Árabe"
no son sinónimos

Vemos vínculos ocultos entre Esaú, Edom, el mundo Árabe e Ismael en lugares como Génesis 27:39, donde se nos dice que Esaú recibiría la bendición del *shemen* (שמן) de la tierra. Este término suele traducirse como *gordura*, pero también se traduce como *aceite*. Esta bendición explica por qué las naciones Árabes Edomitas tienen recursos petrolíferos tan abundantes.

Bereshit (Génesis) 27:39-40
39 Entonces respondió Itzjak, su padre, y le dijo [a Esaú]: "He aquí que tu morada será de la grosura [aceite] de la tierra [מִשְׁמַנֵּי הָאָרֶץ], Y del rocío del cielo de lo alto.
40 Por tu espada vivirás, Y servirás a tu hermano; Y sucederá, cuando te inquietes, Que romperás su yugo de tu cuello".

El verso 40 explica cómo tanto los Efraimitas como los Judíos han dominado históricamente a Esaú-Edom, pero también, cómo Esaú-Edom se levantará y romperá los yugos de sus cuellos. Algunos ven que esto está ocurriendo ahora, con la Primavera Árabe del 2012, y la continua propagación del Islam por Europa y el resto del mundo.

También debemos saber que existe una relación oculta entre el Cristianismo sin Torah, el Judaísmo y el Islam, en el sentido de que los tres forman parte del Misterio Babilónico. En las Escrituras, los espíritus religiosos son descritos como mujeres, y Yeshúa nos dice que el reino de los cielos es como la levadura (es decir, el pecado), que una mujer (Misterio Babilónico) tomó y escondió en tres medidas de harina hasta que todo quedó leudado.

Mattityahu (Mateo) 13:33
33 Otra parábola les dijo: "El reino de los cielos es semejante a la levadura, que una mujer tomó y escondió en tres medidas de harina hasta que todo quedó leudado".

La harina se refiere a la semilla molida (es decir, desnaturalizada), y estas tres medidas de harina son las tres variantes Babilónicas principales de la fe de Abraham: Judaísmo Ortodoxo (Judah), Cristianismo Babilónico (José-Efraim), e Ismael (Islam).

La levadura simboliza el pecado, y en Mateo 16:5-12, Yeshúa nos dice que la levadura simboliza el pecado de la falsa doctrina.

Mattityahu (Mateo) 16: 5-12
5 Cuando Sus discípulos llegaron al otro lado, se olvidaron de tomar el pan.
6 Entonces Yeshúa les dijo: "Pongan atención y cuídense de la levadura de los Fariseos y de los Saduceos".
7 Y ellos razonaban entre sí, diciendo: "Es porque no hemos tomado pan".

8 Pero Yeshúa, dándose cuenta, les dijo: "Oh, ustedes de poca fe, ¿por qué razonan entre ustedes que no han traído pan?

9 ¿Aún no entienden, ni se acuerdan de los cinco panes de los cinco mil y de cuántas cestas recogieron?

10 ¿Ni de los siete panes de los cuatro mil y de cuántas cestas grandes recogieron?

11 ¿Cómo es que no entienden que no les hablo de pan? - sino que se cuiden de la levadura de los Fariseos y de los Saduceos".

12 Entonces comprendieron que no les había dicho que se guardaran de la levadura del pan, sino de la doctrina de los Fariseos y de los Saduceos.

Si estamos dispuestos a aceptarlo, todas estas tres religiones tienen la intención de adorar al Elohim de Abraham correctamente, pero las tres fracasan, en el sentido de que actualmente están leudadas con el pecado (es decir, con la falsa doctrina). Juntos, están siendo usados para romper y conquistar toda la tierra y, entonces después de esto, la levadura será quemada por los fuegos de la tribulación. Sin embargo, lo que necesitamos ver aquí es que mientras cada una de estas creencias tienen muchas cosas equivocadas, también tienen algunas cosas correctas. Cada una de estas tres religiones del Misterio Babilónico encarna un aspecto del verdadero reino de Yeshúa. Por ejemplo, el Judaísmo defiende correctamente el concepto de la Torah (es decir, la ley), mientras que el Cristianismo sin Torah defiende correctamente la idea del amor y el seguimiento del Espíritu, mientras que el Islam defiende los ideales de la teocracia y la disciplina corporativa.

Si representáramos estas tres creencias leudadas de Abraham como el blanco de un arquero, serían racimos de flechas golpeando alrededor del verdadero centro del blanco (que manifiesta las tres cualidades).

3 GRUPOS PRINCIPALES DE LA SEMILLA DE ABRAHAM: JUDAH, EFRAIM, ISMAEL

Los tres grupos están actualmente "leudados" con falsa doctrina

Perdiendo el objetivo: Cristianismo
-Amor, Espíritu, Sin Ley

El objetivo: Israel Nazareno
-Amor, Torah y Testimonio de Yeshúa

Perdiendo el objetivo: Islam
-Teocracia, Sin Ley

Perdiendo el objetivo: Judaísmo
-Ley, Sin Espíritu

La palabra *torah* (תורה) se basa en la raíz de la palabra *yarah* (ירה), que significa *señalar* (como si se instruyera). Sin embargo, también significa *disparar*, como si se tratara de un tiro al blanco de un arquero (es decir, una meta).

> H3384 yarah; o (2 Crónicas 26:15) yara'; una raíz primitiva; propiamente, fluir como el agua (es decir, llover); transitivamente, colocar o lanzar (especialmente una flecha, es decir, disparar); figurativamente, señalar (como si se apuntara con el dedo), enseñar:
> KJV - arquero, lanzar, dirigir, informar, instruir, poner, mostrar, disparar, enseñar, a través.

La idea de fluir es la de dejar que el Espíritu fluya a través de nosotros sin obstrucciones. Es decir, nuestras acciones deben fluir desde un espíritu puro y no apagado, sin tener en cuenta nada del mundo material (familia, dinero, estatus, sexo, etc.). Cuando estamos tan en sintonía con Yahweh que Su Espíritu fluye

251

libremente a través de nosotros, y obedecemos Su voz instintivamente, entonces estamos dando en el blanco (es decir, guardando la Torah). Si hacemos cualquier otra cosa que no sea eso, entonces estamos perdiendo el objetivo (es decir, fallamos en guardar la Torah).

La palabra Hebrea para perder el objetivo es *chata* (חטא), y esta es la palabra para "pecado" (es decir, perder el objetivo). Perdemos el objetivo cada vez que quitamos nuestra atención de Yeshúa, apagamos Su Espíritu, o no obedecemos la voz de Elohim.

> H2398 chata'; una raíz primitiva; propiamente, fallar; de ahí (en sentido figurado y general) pecar; por inferencia, perder, carecer, expiar, arrepentirse, (causativamente) extraviar, condenar.

El Judaísmo, el Islam, y el Cristianismo sin Torah fallan en el sentido de que tienen una idea equivocada de quién es Elohim, y de lo que Él quiere. También entienden mal lo que significa obedecer la voz de Yahweh. Nuestra meta, entonces, debe ser siempre comprender quién es realmente Elohim, y qué es lo que realmente quiere, y escuchar cuidadosamente Su voz en todas las cosas, y obedecerla. (No sólo es ésta la mejor manera de llegar a ser más agradables a Él, sino que también es la mejor manera de sobrevivir a la tribulación, porque si nos refinamos, entonces Él no necesita corregirnos).

Sabemos que en algún momento habrá una gran guerra en el Medio Oriente (posiblemente el Armagedón), y que después de esta guerra, muchos de nuestros primos Ismaelitas (es decir, los que sobrevivan) se convertirán a la adoración de Yahweh.

Yeshayahu (Isaías) 19: 21-25
21 Entonces Yahweh será conocido por Egipto, y los Egipcios conocerán a Yahweh en ese día, y harán sacrificios y ofrendas; sí, harán un voto a Yahweh y lo cumplirán.
22 Y Yahweh golpeará a Egipto, lo golpeará y lo sanará; volverán a Yahweh, y Él será rogado por ellos y los sanará.
23 En aquel día habrá una carretera de Egipto a Asiria, y el Asirio entrará en Egipto y el Egipcio en Asiria, y los Egipcios servirán con los Asirios.
24 En ese día Israel será uno de los tres con Egipto y Asiria, una bendición en medio de la tierra,
25 a quienes Yahweh de los ejércitos bendecirá diciendo: "Bendito es Egipto, Mi pueblo, y Asiria, la obra de Mis manos, e Israel, Mi herencia."

También sabemos que los Filisteos (es decir, los Palestinos) que permanezcan en la tierra se convertirán a la adoración de Elohim, y serán como los líderes de Judah y los Jerusalemitas.

Zejaryah (Zacarías) 9: 6-7
6 "Un mestizo se asentará en Asdod, Y Yo cortaré la soberbia de los Filisteos.
7 Quitaré la sangre de su boca, Y las abominaciones de entre sus dientes. Pero el que quede, será para nuestro Elohim, Y será como un líder en Judah, Y Ecrón como un Yebusita [Jerusalemita]."

Damos más detalles en *Apocalipsis y el Fin de los Tiempos*, pero en el próximo capítulo intentaremos resumir lo básico de la secuencia del fin de los tiempos, para que puedas entender lo que nosotros, como Israelitas Nazarenos, debemos hacer, y lo que no debemos hacer, para poder sobrevivir a la tribulación que está por venir. Pero en todo, lo más importante que podemos hacer es escuchar y obedecer Su voz. No importa lo que esté sucediendo a nuestro alrededor, permanecer en conexión con Yeshúa, y permanecer en obediencia a Su voz debe ser siempre nuestra prioridad número uno.

Secuencia del Fin de los Tiempos

La profecía no nos fue dada para que podamos conocer el futuro. Más bien, se nos dio la profecía para que, cuando los eventos profetizados tengan lugar, sea confirmada y fortalecida nuestra fe. No obstante, si estudiamos las profecías, podemos aprender algunas cosas de ellas, y no solo pueden ayudarnos a mantenernos fuera del peligro, sino que también pueden mostrarnos cómo agradar mejor a Yahweh.

En *Apocalipsis y el Fin de los Tiempos*, mostramos que el caballo blanco de Apocalipsis representa a Yeshúa, y por extensión espiritual, a Su cuerpo (que está haciendo Su trabajo). En otro nivel, Su cuerpo es Su pueblo Efraim. Durante el tiempo que Efraim ha estado en el cautiverio de Roma, conquistó muchas naciones para Roma.

Hitgalut (Apocalipsis) 6: 2
2 Y miré, y he aquí, un caballo blanco. El que estaba sentado en él tenía un arco; y se le dio una corona, y salió conquistando y para conquistar.

Efraim (la Novia) como el Caballo Blanco:
Ha estado mezclado con el Caballo Rojo de Roma por 1260 años. Debe salir de allí (Esaú-Roma-Babilonia).

En cuanto a Roma, veremos más adelante que allí es donde habita el Esaú espiritual. Esaú también fue llamado Edom (rojo).

Bereshit (Génesis) 25:25
25 Y el primero salió rojo. Era como una prenda peluda por todas partes; así que lo llamaron Esaú.

Esaú está enojado con Yaakov (Jacob), y quiere matar a sus dos casas, tanto a Judah como a Efraim. El color de la ira es rojo.

Bereshit (Génesis) 27:41
41 Entonces Esaú odió a Yaakov por la bendición con que su padre lo había bendecido, y Esaú dijo en su corazón: "Llegarán los días del luto por mi padre, y mataré a mi hermano Yaakov".

La democracia occidental al estilo Romano representa la voluntad de todos aquellos que despreciaron su verdadera herencia en Yeshúa y el camino Nazareno en favor de un Cristianismo sin Torah. Son antisemitas y favorecen la democracia, que es cuando los hombres votan por lo que parece bueno a sus propios ojos, en lugar de hacer lo que dice la palabra de Yahweh (que es apoyar a Sus líderes ungidos).

Devarim (Deuteronomio) 12: 8
8 "No harán nada como lo estamos haciendo hoy aquí, cada hombre haciendo lo bueno ante sus propios ojos"

La casa de Esaú se unió en matrimonio con la casa de Ismael.

Bereshit (Génesis) 28: 9
9 Entonces Esaú fue a Ismael y tomó a Mahalat,

hija de Ismael, hijo de Abraham, hermana de Nebaiot, para que fuera su esposa, además de las mujeres que tenía.

El Papa usa el blanco porque Efraim solía residir en Roma. Sin embargo, dado que Efraim salió de Roma en masa en los días de Martín Lutero, ahora debería usar legítimamente el rojo de la ira de Esaú. Una cosa sobre el caballo rojo es que siempre acarrea muerte y destrucción debido a las consecuencias de la democracia Romana. La democracia Romana lleva al imperialismo al estilo Romano. Es por eso que el versículo 4 nos dice que el caballo rojo quita la paz de la tierra.

> Hitgalut (Apocalipsis) 6: 3-4
> 3 Cuando abrió el segundo sello, oí al segundo ser viviente que decía: "Ven y mira".
> 4 Otro caballo salió, rojo fuego. Y se le concedió a aquel que se sentaba sobre él quitar la paz de la tierra, y que las personas se maten entre sí; y se le dio una gran espada.

EL CABALLO ROJO, ESAÚ, TODAVÍA PRETENDE REPRESENTAR AL CABALLO BLANCO

El Papa viste de blanco porque quiere que el mundo crea que los católicos son la novia del Mesías. Sin embargo, el papado es el Esaú espiritual, cuyo color es el rojo de la ira y la sangre que proviene de su imperialismo. Donde quiera que vaya el espíritu de la democracia romana, va el Imperio Romano espiritual, y la sangre que se derrama para oprimir a sus víctimas. Así como la Roma antigua manifestó la democracia, los modernos gobiernos del caballo rojo manifiestan la democracia, el socialismo y el comunismo. Siempre es derramada sangre por ellos.

Hitgalut (Apocalipsis) 6: 4
4 Otro caballo, rojo fuego, vino abajo. Y se le concedió a aquel que se sentó sobre él, el quitar la paz de la tierra, y que las personas se maten entre sí; y se le dio una gran espada.

En una democracia, elegimos a nuestros propios líderes y votamos por lo que parece correcto a nuestros propios ojos. Sin embargo, esto no busca complacer a Yeshúa, sino que busca perseguir nuestros propios deseos y sueños. Además, abre las puertas al abuso del caballo negro (el poder del dinero Iluminista).

Los Cristianos estadounidenses celebran su independencia del Rey Jorge el 4 de julio, pero lo que muchos de ellos no se dan cuenta es que la mayoría de los padres fundadores de Estados Unidos eran Masones, y eligieron el 4 de julio por razones ocultistas. El 4 de julio cae 13 días después del Solsticio de

Verano, que es su Día de Lithia. También cae 66 días después del Festival de Beltane el 30 de abril (que es el día más alto en el calendario de la brujería Druida). Todo esto tiene gran importancia en la brujería. Los Iluminatis Bávaros también celebran específicamente en el Día de la Independencia de los Estados Unidos porque es cuando los Cristianos comenzaron a rechazar en masa a sus protectores (los reyes Cristianos, caballos blancos) y comenzaron a abrazar la democracia populista de los caballos rojos. Esto hizo a los Cristianos una presa mucho más fácil. En la celebración, los Iluminatis han puesto los números Romanos MDCCLXXVI (1776) en la base de la pirámide de Satanás, en la parte posterior del billete de un dólar de los Estados Unidos.

Aunque los reyes Cristianos obtuvieron su poder del Papa (el anti-Mesías), y aunque eran leales al Papa, tenían el incentivo de enseñar a sus súbditos a creer en la Escritura, porque la única razón por la que tenían autoridad era porque la gente creía en la monarquía Cristiana.

A los hombres no les gusta ser leales a los reyes, pero lo harían si se dieran cuenta de que Yahweh así lo desea.

Kefa Alef (1 Pedro) 2:17

17 Honren a todas las personas. Amen a los hermanos. Teman a Elohim. Honren al rey.

La Europa Cristiana experimentó a algunos reyes terribles, pero aun los reyes malos tienen modos para asegurarse de que su gente crea en las Escrituras. También tienen modos para evitar que se formen sociedades secretas y que estas tomen el control. Sin embargo, cuando las personas se alejaron de los reyes Cristianos, no había nada que impidiera que hombres ocultos, con poder y dinero, compren el control y trabajen detrás de escena dirigiendo sociedades secretas, como los Iluminatis, los Francmasones, el Grupo Bilderberg, etc.

Cuando hablamos del caballo negro, estamos hablando de los Iluminatis, y también del poder del dinero Sionista (que es predominantemente Judío). Se podría decir que los Sionistas Iluminati tienen corazones tan negros como el carbón, porque buscan controlar el mundo entero, controlando todas las monedas nacionales, desestabilizando gobiernos y destruyendo la adoración y los valores de Yeshúa. También fomentan la guerra en todo el mundo, lo que los hace aún más ricos, porque financian a todos los bandos de estas guerras. En el mundo enfermo y retorcido que domina el caballo negro, solo el poder, el dinero y el control en última instancia importan.

Hitgalut (Apocalipsis) 6: 5-6

5 Cuando abrió el tercer sello, oí a la tercera criatura viviente decir: "Ven y ve". Entonces miré, y he aquí, un caballo negro, y el que estaba sentado en él tenía una balanza en su mano.

6 Y oí una voz en medio de los cuatro seres vivientes, que decía: "Un cuarto de trigo por un denario, y tres cuartos de cebada por un denario, pero no dañes el aceite ni el vino".

Con el control del suministro del dinero del mundo, los Iluminatis controlan a los Masones (que a su vez controlan la mayoría de los gobiernos). Con el control de los gobiernos, también controlan los tribunales y las escuelas. También son dueños de la mayoría de los medios de comunicación tradicionales, incluido Hollywood. El control del suministro del dinero del mundo por parte del caballo negro también les da una habilidad única para controlar a los otros caballos. Todo esto deja al caballo negro en una posición única para influir en todo lo que piensa un hombre promedio. Este control se aplica luego hacia su objetivo final, que es establecer un único gobierno mundial, con una sola falsa religión mundial. Como mostramos en *Apocalipsis y el Fin de los Tiempos*, sus planes incluyen la reubicación del trono del Papa en el monte del templo, y el establecimiento de una religión mundial junto con los Musulmanes y los rabinos. Muchos de los acuerdos ya están firmados el día de hoy.

El caballo verde es el Islam. El verde es el color primario del Islam, y el color verde se puede encontrar en casi todas las banderas Islámicas, pancartas, brazaletes y cintas para la cabeza.

Hitgalut (Apocalipsis) 6: 7-8
7 Cuando abrió el cuarto sello, oí la voz de la cuarta criatura viviente que decía: "Ven y mira".
8 Entonces miré, y he aquí, un caballo [verde] pálido. Y el nombre del que estaba sentado en él era Muerte, y el Hades lo siguió. Y se le dio poder sobre la cuarta parte de la tierra, para matar con espada, con hambre, con muerte y con las bestias de la tierra.

La versión King James y otras versiones principales representan el cuarto caballo como un caballo "pálido", pero como explicamos en *Apocalipsis y el Fin de los Tiempos*, la palabra Griega aquí es *cloros*. Cloros significa *verde* (al igual que la clorofila es verde). Curiosamente, los cuatro colores de los caballos de la tribulación (blanco, rojo, negro y verde) aparecen en casi todas las banderas Islámicas. Por ejemplo, a continuación, se muestran las banderas de Jordania, Afganistán y Kuwait.

También es interesante que los cuatro caballos sean las tres religiones Abrahámicas, más el populismo (democracia, socialismo, etc.). Estas son las cuatro principales fuerzas espirituales que dan forma a nuestro mundo.

Blanco	Cristiandad Papal (Efraím está perdido aquí)
Rojo	Populismo (Comunismo, democracia)
Negro	Judaísmo Sionista (Judah está perdido aquí)
Verde	Islam (El primo Ismael está perdido aquí)

Satanás es el autor de la confusión, y sin duda los cuatro caballos crean confusión en el sentido de que, mientras los cuatro caballos combaten entre ellos, también trabajan juntos secretamente, en colusión. Un ejemplo de esto es cómo el caballo blanco (Cristianismo) y el caballo verde (el Islam) son manifestaciones de la misma bestia Babilónica.

En *Apocalipsis y el Fin de los Tiempos*, mostramos cómo el rey Nabucodonosor soñó con una estatua que se estableció en la tierra. Su cabeza estaba hecha de oro fino (símbolo de Babilonia), su pecho y sus brazos eran de plata (Media y Persia), su vientre y sus muslos eran de bronce (Grecia), sus piernas estaban hechas de hierro (Roma), y sus pies estaban hechos de hierro

(Roma) mezclado con barro cocido (Islam). Esto simboliza una serie de cinco imperios sucesivos, los cuales serían de naturaleza Babilónica. Es decir, el poder y la autoridad no se usarían para cuidar a la gente y establecer el reino de Yahweh aquí en la tierra. Por el contrario, en los gobiernos Babilónicos el poder y la autoridad se utilizan para esclavizar a las masas en beneficio de las élites, y para destruir al pueblo de Yahweh, y Su adoración.

Daniel 2: 37-43
37 "Tú, oh rey [Nabucodonosor], eres rey de reyes. Porque el Elohim del cielo te ha dado el reino, poder, fuerza y gloria;
38 y dondequiera que habiten los hijos de los hombres, o las bestias del campo o las aves del cielo, Él los ha entregado en tu mano, y te ha hecho gobernante sobre todos ellos; tú eres esta cabeza de oro.
39 Pero después de ti se levantará otro reino inferior al tuyo [Media y Persia]; luego otro, un tercer reino de bronce [Grecia], que reinará sobre toda la tierra [en contexto, Medio Oriente].
40 Y el cuarto reino [Roma] será fuerte como el hierro, así como el hierro rompe en pedazos y destroza todo, y como el hierro aplasta; ese reino romperá en pedazos y aplastará a todos los demás.
41 Y lo que viste de los pies y los dedos de los pies, en parte de barro cocido y en parte de hierro, el reino será dividido; sin embargo, la fuerza del hierro estará en él, tal como viste el hierro [Roma] mezclado con barro cocido [Islam].
42 Y como los dedos de los pies eran en parte de hierro y en parte de barro, así el reino [Nuevo Orden Mundial] será en parte fuerte y en parte frágil.

43 Como viste el hierro mezclado con barro cocido, se mezclarán con la simiente de los hombres; pero no se juntarán el uno al otro, así como el hierro [Roma] no se mezcla con el barro cocido [Islam]".

En *Apocalipsis y el Fin de los Tiempos* mostramos cómo el hierro representa a Roma, y el barro representa el Islam. También mostramos que el Islam surgió del Imperio Romano. La sucesión de imperios se muestra en la tabla a continuación.

Parte del cuerpo:	Imperio terrestre:
1. Cabeza de oro	Babilonia (Iraq)
2. Pecho y brazos de plata	Media y Persia (Irán)
3. Vientre y muslos de bronce	Macedonia (Grecia)
4. Dos piernas de hierro (Este/Oeste)	Imperio Romano (Este/Oeste)
5. Dos pies de hierro y arcilla	Cristiandad e Islam

En *Apocalipsis y el Fin de los Tiempos* mostramos cómo la administración del Imperio Romano se dividió en dos partes (en 293 d.C.), formando así las "piernas" occidentales y orientales del Imperio Romano (que corresponden a las dos piernas de hierro de la estatua).

En 330 d.C, el emperador Constantino movió su capital de Roma a Bizancio (en la pierna del este), renombrándola Constantinopla. Más tarde, la parte oriental del Imperio Romano se convirtió en el Imperio Bizantino. El Imperio Bizantino fue conquistado más tarde por los Musulmanes, y se convirtió en el Imperio Otomano. Constantinopla pasó a llamarse Estambul (Turquía).

Aun cuando los Cristianos y los Musulmanes han librado muchas guerras, ambos también se han confabulado en secreto, detrás de escena, para destruir a su enemigo mutuo, Judah. Tanto el Cristianismo como el Islam son manifestaciones secretas del mismo Imperio Babilónico, al igual que los demócratas y los republicanos parecen luchar entre sí, pero ambos trabajan secretamente juntos en el sistema democrático (caballo rojo).

Los documentos ocultos revelan que el plan final es diseñar una guerra nuclear en Medio Oriente entre el Islam y su hermano Judah. Esto se usará para venderle al mundo la supuesta necesidad de un Nuevo Orden Mundial (es decir, dedos de hierro mezclados con barro cocido, Daniel 2:43). El Nuevo Orden Mundial *supuestamente* "salvará" a la humanidad de la destrucción.

Albert Pike era un Francmasón de grado 33° y líder de la Masonería en América del Norte. En 1871, escribió una carta a un compañero Francmasón llamado Mazzini, en la que describió una visión oculta que recibió con respecto a tres guerras mundiales que culminarían en un orden mundial Satánico. Los siguientes son extractos de su carta a Mazzini, que muestra cómo se han planeado tres guerras mundiales para muchas generaciones.

> "La Primera Guerra Mundial debe llevarse a cabo para permitir que los Iluminatis [caballo negro] derroquen el poder de los Zar en Rusia y de convertir a ese país en una fortaleza del comunismo ateo [caballo rojo]. Las divergencias causadas por los "agentur" [agentes] de los Iluminatis entre los Imperios Británico y Germánico se usarán para fomentar esta guerra. Al final de la guerra, se construirá el comunismo y se usará para destruir a otros gobiernos y para debilitar las religiones"
> [Comandante William Guy Carr, *Satanás: Príncipe de este mundo*].

La Primera Guerra Mundial fue principalmente fomentada por alianzas en torno a Inglaterra, por un lado, y Alemania por el otro. El líder Alemán, Otto von Bismarck, fue co-conspirador de Albert Pike.

> "La Segunda Guerra Mundial debe fomentarse aprovechando las diferencias entre los Fascistas y

los Sionistas políticos [caballo negro]. Esta guerra debe llevarse a cabo para que el Nazismo sea destruido y para que el Sionismo político [caballo negro] sea lo suficientemente fuerte como para instituir un estado soberano de Israel en Palestina. Durante la Segunda Guerra Mundial, el comunismo internacional [caballo rojo] debe volverse lo suficientemente fuerte como para equilibrar a la Cristiandad [caballo blanco], que luego sería restringida y mantenida bajo control hasta el momento en que se haga lo necesario para el cataclismo social final".
[Comandante William Guy Carr, *Satanás: Príncipe de este mundo*].

Como se predijo, se creó un estado Sionista soberano de Israel en Palestina después de la Segunda Guerra Mundial, y las fuerzas de los caballos rojos comunistas, equilibraron al caballo blanco del Cristianismo occidental. También deberíamos notar que los términos Nazismo y Sionismo no se conocían en 1871, cuando se escribió esta carta, sino que los Iluminatis inventaron ambos movimientos.

"La Tercera Guerra Mundial debe fomentarse aprovechando las diferencias causadas por el "agentur" de los "Iluminatis" entre los Sionistas políticos y los líderes del mundo Islámico. La guerra debe llevarse a cabo de tal manera que el Islam [el mundo Musulmán] y el Sionismo político [el Estado de Israel] se destruyan mutuamente. Mientras tanto, las otras naciones, una vez más divididas en este tema, se verán obligadas a luchar hasta el punto de agotamiento físico, moral, espiritual y económico total.... Daremos rienda suelta a los Nihilistas y a los ateos, y provocaremos un formidable cataclismo social

que, en todo su horror, mostrará claramente a las naciones el efecto del ateísmo absoluto, origen del salvajismo y de agitaciones sangrientas. Entonces, en todas partes, los ciudadanos, obligados a defenderse ellos mismos contra la minoría mundial de revolucionarios, exterminarán a los destructores de la civilización (ateístas y Nihilistas); y la multitud, desilusionada con el Cristianismo, cuyos espíritus deístas estarán desde ese momento desilusionados y sin brújula o dirección, ansioso por un ideal, pero sin saber dónde presentar su adoración, recibirán la verdadera luz a través de la manifestación universal de la doctrina pura de Lucifer, que finalmente se presentará a vista del público. Esta manifestación será el resultado del movimiento reaccionario general que seguirá a la destrucción del Cristianismo y del ateísmo, ambos conquistados y exterminados al mismo tiempo".
[Comandante William Guy Carr, *Satanás: Príncipe de este mundo*].

Podríamos descartar fácilmente la carta de Albert Pike si no se alineara tan bien con las Escrituras. Parece que un conflicto nuclear entre el mundo Islámico e Israel, podría ser una realidad en un futuro relativamente cercano. Por ejemplo, ¿qué pasaría si Irán obtuviera una bomba atómica y declarara la guerra nuclear contra Israel?

¿Qué pasaría si las Naciones Unidas le piden al Papa que interceda y negocie un acuerdo de paz con los Musulmanes, lo que es posible debido a sus lazos de larga data con el Islam?

¿Qué pasaría si las Naciones Unidas pidieran al Papa que moviera su trono al monte del templo y estableciera allí un templo, con el patio exterior abierto a todas las religiones del mundo? ¿Y si otros líderes del gobierno iluminista aclamaran al Papa como un héroe, por establecer una "paz que no es paz"?

¿Tal escenario cumpliría 2 Tesalonicenses 2: 3-4, que habla de un hombre de pecado (un hombre sin Torah) sentado en un templo de Elohim, mostrándose a sí mismo como Elohim (Vicarius Philii Dei)?

Thessaloniqim Bet (2 Tesalonicenses) 2: 3-4
3 Que nadie los engañe de ninguna manera, porque ese día no vendrá a menos que primero

venga la caída, y el hombre de pecado sea revelado, el hijo de perdición,

4 que se opone y se exalta a sí mismo sobre todo lo que se llama Elohim, o es objeto de adoración, porque él mismo se sienta en el templo de Elohim como Elohim, mostrándose a sí mismo como si fuera Elohim.

En *Apocalipsis y el Fin de los Tiempos*, mostramos cómo el Vaticano y el Domo de la Roca son todos templos de Júpiter (Satanás). Ten en cuenta la cúpula abovedada con el pezón en la parte superior, común en cada templo.

Cubrimos la línea de tiempo en detalle en *Apocalipsis y el Fin de los Tiempos*, pero aquí hay una versión simplificada de la línea del tiempo final.

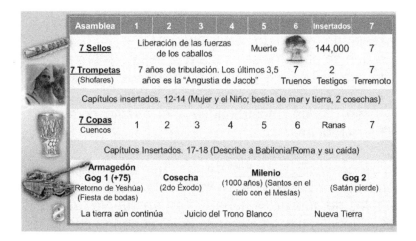

Asamblea	1	2	3	4	5	6	Insertados	7
7 Sellos	Liberación de las fuerzas de los caballos				Muerte		144,000	7
7 Trompetas (Shofares)	7 años de tribulación. Los últimos 3,5 años es la "Angustia de Jacob"				7 Truenos	2 Testigos		7 Terremoto
Capítulos insertados. 12-14 (Mujer y el Niño; bestia de mar y tierra, 2 cosechas)								
7 Copas Cuencos	1	2	3	4	5	6	Ranas	7
Capítulos Insertados. 17-18 (Describe a Babilonia/Roma y su caída)								
Armagedón Gog 1 (+75) Retorno de Yeshúa (Fiesta de bodas)	**Cosecha** (2do Éxodo)		**Milenio** (1000 años) (Santos en el cielo con el Mesías)			**Gog 2** (Satán pierde)		
La tierra aún continúa	Juicio del Trono Blanco				Nueva Tierra			

Para comprender la línea de tiempo, piensa en cómo una mujer gesta y da a luz a un niño. Los sellos (las fuerzas de los caballos) se han gestado durante cientos de años, como la forma en que una mujer lleva a su hijo durante muchos meses. Las trompetas (tribulación) son como sus contracciones, y los siete truenos son como sus gritos, cuando el dolor la estremece. Las copas de la ira, que se derraman al final, son como la ruptura de su fuente. Al final de las copas, nacerá un "niño varón", que será el Israel redimido.

Hay otras analogías, pero en la séptima trompeta, todo el sistema Babilónico caerá. La gente habla de huir de este o aquel país, pero eso no tiene sentido. Babilonia es un espíritu, y cuando caiga, tanto el Cristianismo Babilónico, y así mismo el Islam (y también el Judaísmo rabínico) se derrumbarán, junto con todos los gobiernos del caballo rojo. Esto se verá como un colapso completo y total de la sociedad. A raíz de este colapso, el Elohim del cielo establecerá un reino con Sus santos, que nunca será destruido, y el reino no se dejará a otro pueblo. Se romperá en pedazos y destruirá todos los demás reinos (Cristianismo, Populismo, Judaísmo e Islam), y permanecerá hasta que la tierra sea destruida.

Daniel 2:44

44 "Y en los días de estos reyes, el Elohim del cielo establecerá un reino que nunca será destruido; y el reino no se dejará a otros pueblos; se romperá en pedazos y consumirá todos estos reinos, y permanecerá para siempre".

La profecía no nos es dada para que podamos conocer el futuro. Más bien, se nos da una profecía para que, cuando los eventos profetizados tengan lugar, sea confirmada y fortalecida nuestra fe. No obstante, si estudiamos las profecías, podemos aprender algunas cosas, y no solo pueden ayudarnos a mantenernos fuera de peligro, sino que también pueden mostrarnos cómo agradar a Yahweh, sin importar lo que nos deparará el futuro.

Si quieres aumentar tus posibilidades de sobrevivir a la tribulación, entonces el siguiente capítulo es para ti.

Convirtiéndose en la Ayuda Idónea de Yeshúa

Hemos cubierto un montón de terreno en este libro, pero en este capítulo final, déjanos poner las cosas en perspectiva, porque sin esta perspectiva, no podremos agradar a nuestro Esposo.

Yahweh creó a la mujer como ayuda idónea para el hombre.

> Bereshit (Génesis) 2:18
> 18 Y Yahweh Elohim dijo: "No es bueno que el hombre esté solo, le haré una ayudante idónea [correspondiente] a él".

Aun cuando Javah (Eva) era una mujer real, ella también representaba a Israel, que está en entrenamiento para convertirse en la novia de Yeshúa. Pero, si se supone que Israel es la novia de Yeshúa, y una novia es una ayudante idónea, entonces, ¿no se supone que debemos ser ayudantes idóneos de Yeshúa?

Pero ¿cómo podemos ayudar a Yeshúa? En capítulos anteriores vimos que Yeshúa fue enviado como el Mesías Príncipe (נגיד), el cual es el comandante de los ejércitos de Elohim.

> Daniel 9:25
> 25 "Por lo tanto, comprende y entiende, que desde el comienzo del mandato para restaurar y edificar Jerusalem hasta el Mesías Príncipe (נגיד), habrá siete semanas y sesenta y dos semanas; La plaza

se volverá a construir, y el muro, incluso en tiempos de angustia".

La misión de Yeshúa era proclamar la liberación a los cautivos espirituales, y poner en libertad a aquellos que estaban espiritualmente oprimidos (por los rabinos).

Luqa (Lucas) 4: 18-19
18 "El Espíritu de Yahweh está sobre Mí, porque Me ha ungido para predicar las buenas nuevas a los pobres. Me ha enviado a sanar a los quebrantados de corazón, a proclamar libertad a los cautivos y restaurar la vista a los ciegos, a establecer libertad a los oprimidos, y
19 "para proclamar el año aceptable de Yahweh"...

El problema es que, como vimos anteriormente, un *nagiyd* (נגיד) se define como un comandante que conduce desde el frente. Sin embargo, Yeshúa no está aquí (presente en cuerpo), por lo que la única forma en que puede liderar desde el frente es conducirnos a través de Su cuerpo, Israel. Es por esto que le dio a Su cuerpo (es decir, a Su novia Israel) el trabajo de cumplir la Gran Comisión hasta que Él regrese.

Mattityahu (Mateo) 28: 18-20
18 Y Yeshúa se acercó y les habló diciendo: Toda potestad Me es dada en el cielo y en la tierra.
19 "Vayan, pues, y hagan discípulos en todas las naciones, sumergiéndolos en Mi Nombre*,
20 y enséñenles a guardar todas las cosas que les He mandado; y he aquí, Yo estoy con ustedes siempre, y hasta el fin de los tiempos". Amén.

[*Para ver por qué nos sumergimos solo en el nombre de Yeshúa, consulta "La Inmersión solo en el nombre de Yeshúa", en *Estudios Escriturales Nazarenos, Volumen Tres*].

Yeshúa nos dice claramente que cuando Él venga, recompensará a cada hombre según su trabajo.

> Hitgalut (Revelación) 22:12
> 12 "Y he aquí, vengo pronto, y Mi galardón conmigo, para dar a cada uno según su obra".

En otras palabras, Yeshúa quiere una novia cuyo corazón esté preparado para ayudarlo a construir Su reino. Él quiere una novia que demuestre que lo ama lo suficiente como para sacrificar Su vida en el mundo por Él, así como Él dio Su vida por ella en el mundo.

Amigo, ¿estamos sacrificando nuestras vidas por Él en el mundo, así como Él dio Su vida en el mundo por nosotros?

¿Realmente lo estamos haciendo?

Yeshúa nos pidió que construyéramos Su reino mientras Él estuviera lejos. Esas son las instrucciones de Yeshúa. Es la Torah de Yeshúa. Entonces amigo, la única pregunta es, ¿estamos buscando todas las formas posibles de obedecer la Torah de Yeshúa con amor anhelante y un ardiente deseo de complacerlo? ¿O solo estamos fingiendo?

Muchas personas parecen creer que están "guardando" la Torah de Yeshúa porque leen de la Torah Levítica. Asumen que son "discípulos", a pesar de que, ni se unen al sacerdocio, ni lo apoyan. No buscan ser los ayudantes de Yeshúa. Buscan simplemente descansar en Sus días de descanso, comer Su comida espiritual y enseñar.

Amigo, si fueras Yeshúa, y pudieras tomar a cualquier mujer que desees, ¿a quién querrías? ¿Te gustaría casarte con una espectadora interesada? ¿O te gustaría casarte con una novia que haya probado las profundidades de su devoción hacia ti, y su voluntad sacrificándose y soportando muchas dificultades por ti y tu gran nombre?

Preguntémonos qué tipo de novia Yeshúa querría tener, y luego busquemos convertirnos en esa clase de novia para Él, para que podamos amarlo y servirlo con todo nuestro corazón, con toda nuestra alma y con todas nuestras fuerzas.

Devarim (Deuteronomio) 6: 5
5 Amarás a Yahweh tu Elohim con todo tu corazón, con toda tu alma y con todas tus fuerzas.

Mattityahu (Mateo) 22: 36-40
36 "Maestro, ¿Cuál es el gran mandamiento en la Torah?"
37 Yeshúa le dijo: "Amarás a Yahweh tu Elohim con todo tu corazón, con toda tu alma, y con toda tu mente".
38 Este es el primer y gran mandamiento.
39 Y el segundo es semejante a este: "Amarás a tu prójimo como a ti mismo"
40 En estos dos mandamientos cuelgan toda la Torah y los Profetas".

¿Realmente estamos haciendo esto?

Apoya nuestro Trabajo

Israel nazareno está restableciendo la fe apostólica original en los días modernos. Yahweh le dice a Su pueblo que dé, y que Él es fiel para bendecir a aquellos que dan alegremente a la obra de Su Hijo (por ejemplo, Éxodo 25: 2, Malaquías 3:10, etc.).

Yeshúa también nos dice que no acumulemos tesoros para nosotros en la tierra, sino que acumulemos tesoros en el cielo dando para Su obra. Él dice que donde ponemos nuestro tesoro, allí también estará nuestro corazón (Mateo 6).

Shaul (Pablo) también nos dice que los que son enseñados en la palabra deben compartir con aquellos que les enseñan.

> Galatim (Gálatas) 6: 6-9
> 6 Al que se le enseña la palabra, comparta todas las cosas buenas con el que enseña.
> 7 No te dejes engañar, nadie se burla de Elohim; porque todo lo que el hombre siembra, eso también cosechará.
> 8 Porque el que siembra para su carne, de la voluntad de la carne segará corrupción, pero el que siembra para el Espíritu, de la voluntad del Espíritu segará vida eterna.
> 9 No nos cansemos de hacer el bien, porque a su debido tiempo cosecharemos si no nos desanimamos.

Si crees en estas cosas, puedes encontrar formas de asociarte con nosotros en el sitio web de Israel Nazareno: nazareneisrael.org/es

También puedes donar a través de PayPal a: servants@nazareneisrael.org

Todo el dinero se usará con cuidado y oración para cumplir la Gran Comisión y para restaurar la fe original del primer siglo en la tierra de Israel y en todo el mundo.

Que Yahweh te bendiga grandemente por ser sabio y por ayudarnos a establecer el reino de Su Hijo.

Made in the USA
Middletown, DE
13 February 2022